TOURISTIKEN

TOURISCS

Edition Angewandte
Book series of the University of Applied Arts Vienna
Edited by Gerald Bast, Rector

edition:'angewandte
Universität für angewandte Kunst Wien
University of Applied Arts Vienna

Catherine Ludwig
Fred Luks (Hrsg./Ed.)

TOURISTIKEN
TOURISTICS

Transmediale Arbeiten über Freizeit im Anthropozän
Transmedia Works on Leisure in the Anthropocene

DE GRUYTER

Alle Texte in dieser Publikation stammen von Catherine Ludwig, wenn dies nicht anders vermerkt ist.
All texts in this publication are written by Catherine Ludwig, unless otherwise noted.

Next page: **_Managing obstacle_** [digital drawing, 2013]

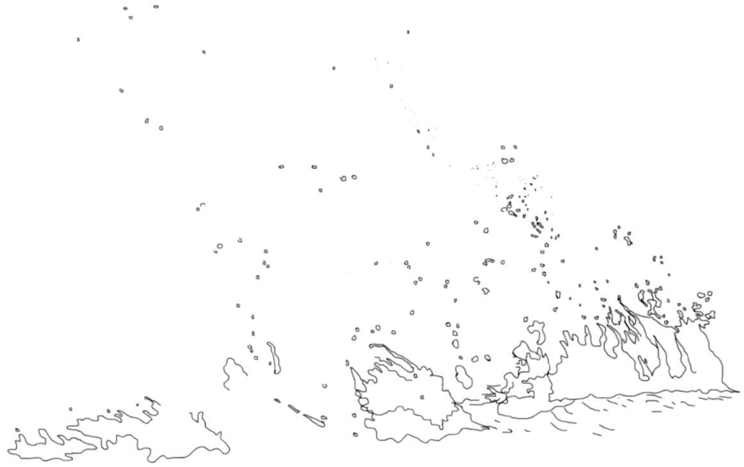

Nutzen und Nebenwirkungen

Der Tourismus ist einer der wichtigsten globalen Wirtschaftssektoren. Er hat ein enormes Potenzial, was die wirtschaftliche Entwicklung, die Schaffung von Arbeitsplätzen und auch den Erhalt der Natur betrifft. Tourismus, der Mensch und Natur dient, ist möglich. Realisiert wird diese Möglichkeit freilich sehr oft *nicht*. Häufig ist das Gegenteil der Fall. Auf dieses Gegenteil lenken die transmedialen Werke von Catherine Ludwig unsere Aufmerksamkeit. Ihr geht es, wie der doppeldeutige Titel des vorliegenden Buches anzeigt, um die Risiken (und Nebenwirkungen) touristischer Aktivitäten.

Die Menschheit hat bekanntlich einen weitaus zu hohen Material-, Energie- und Flächenverbrauch – mit wenig Aussicht, dass sich dies ändern wird. Im Gegenteil: Mit der Globalisierung, deren integraler Teil der Tourismus ist, verbreitet sich eine Lebensweise, die man mit Ulrich Brand und Markus Wissen als „imperial" bezeichnen kann. Diese in sozialer und ökologischer Hinsicht nicht nachhaltige Art zu leben und zu wirtschaften ist das Schlüsselproblem unserer Zeit. Die „große Beschleunigung" *(great acceleration)* des Naturverbrauchs und die Rede vom „Anthropozän" verweisen auf die heftigen Umweltwirkungen des westlichen Lebensstils und seiner Verbreitung.

Der Mensch gräbt, wälzt und gestaltet die Natur um. Diese Macht verändert die Umwelt und damit auch die Lebensbedingungen des Menschen. Gleichzeitig aber ist das Anthropozän von einer fundamentalen Ohnmacht gekennzeichnet. Der Soziologe Christoph Görg spricht von einer „Dialektik der Naturbeherrschung", die mit dem Anthropozän in eine neue Phase eingetreten sei: „Zwar hat sich die Menschheit die Erde ‚untertan' gemacht, aber sie ist immer weniger in der Lage, ihre Naturverhältnisse zu kontrollieren."

Orte und Overtourism

Das ist der Kontext, in dem heute über Nachhaltigkeit und Zukunftsfähigkeit gestritten wird. Der Nachhaltigkeitsdiskurs ist ein Diskurs der Transformation: Es geht letztlich um die Konzeption und Organisation gesellschaftlicher Such-, Lern- und Veränderungsprozesse. Am Tourismus zeigt sich sehr konkret und mit greller Deutlichkeit, welche Herausforderungen diese Prozesse adressieren müssen.

Ein zentraler Faktor ist dabei die Landschaft. Diese ist, wie Stephanie Drlik in ihrem Beitrag zeigt, immer auch ein „Spiegel der Gesellschaft". Und, auch das betont Drlik: Touristisch genutzte Räume sind immer auch Lebensräume. Tourismus wirkt nicht nur auf Touristinnen und Touristen, sondern ist ein wesentlicher Faktor für die Lebensqualität der Bevölkerung vor Ort.

Die Bilder dieser Orte, argumentiert Matthias Klos in seinem Text, schaffen ein Begehren, das globale Wirkung entfaltet. Aus dem „Begehren, die Orte selbst sehen zu wollen", schreibt Klos, „ist die weltumspannende Industrie des Tourismus gewachsen, deren Produkte das Erleben und das Vergnügen sind". Touristische Blickregime nennt Klos treffend „Imagineering" – dieser Prozess erzeuge „einen Plot, der die Welt rund macht und abschleift für eine reibungslose und erlebniskonforme Verwertung".

Das alles hat tief greifende affektive Aspekte, allerdings auch eine wichtige materielle Dimension. Das „Abschleifen" der Welt braucht symbolische Operationen, basiert aber wesentlich auf ganz handfesten Dingen wie Hotelanlagen, Internetverbindungen und Flughäfen. Touristische Symbolik und touristische Materialität führen zu einem Prozess, der sich in die Expansionsdynamik marktwirtschaftlicher Systeme einfügt: ein Wachstum, das in vielen Fällen die Grenzen der ökologischen und kulturellen Belastbarkeit erreicht und überschreitet. Deshalb ist „Overtourism" heute ein Schlüsselbegriff im Diskurs über die Entwicklung des Tourismus.

Wirkung und Wachstum

Bezeichnenderweise wird mit der Tragekapazität *(carrying capacity)* in der Debatte über Overtourism immer wieder ein ökologisches Konzept zitiert, um die Belastungsgrenzen von Ökosystemen, Stränden und Innenstädten zu veranschaulichen. Im 2019 von Rachel Dodds und Richard W. Butler herausgegebenen Buch *Overtourism* wird gleich auf der ersten Seite von „unmanaged and unsustainable growth" der Tourismusindustrie gesprochen. Die Expansion dieses Sektors ist also nicht nur nicht nachhaltig, sondern auch nicht (gut) gemanagt. Das kann man auf der gesamtgesellschaftlichen Ebene feststellen, zeigt sich aber auch eindrücklich vor Ort. Die Welt ist voller wahrhaft abstruser Beispiele für die völlige Überforderung von Natur und lokaler Bevölkerung überall dort, wo der Tourismus zum Über-Tourismus wird.

Die Strände in Ländern wie Thailand oder den Philippinen, die Lebensqualität in Städten wie Venedig, Barcelona oder Luzern: sprechende Beispiele für das, worum es Catherine Ludwig in ihrer Arbeit geht. Sie selbst bezeichnet ihr Werk im folgenden Beitrag als „künstlerische Forschung". Diese Forschung nimmt die Zentralbegriffe Wachstum, Overtourism und Tragekapazität auf und zeigt uns, was sie realweltlich bedeuten. Ein Tourismus, den Ludwig vermutlich wohlwollender analysieren würde, wäre ein nachhaltiger Tourismus. Ludwig träumt davon, dass wir uns im Grünen erholen, „statt in globalen Transiträumen von wildfremden Menschen durchleuchtet oder angesteckt zu werden". Die Welt, die sie uns zeigt, ist eine ganz andere.

Overtourism ist gleichsam das Gegenteil von Nachhaltigkeit. Wo früher von umweltverträglichem oder sanftem Tourismus die Rede war, spricht man heute von „nachhaltigem Tourismus". Dieses Leitbild definiert die Welttourismusorganisation UNWTO als „Tourismus, der den derzeitigen und zukünftigen ökonomischen, sozio-kulturellen und ökologischen Auswirkungen umfassend Rechnung trägt und dabei die Bedürfnisse der Gäste, der Tourismuswirtschaft, der Umwelt sowie der heimischen Bevölkerung berücksichtigt". Die Stakeholder und die Wirkung von Aktivitäten stehen hier also im Mittelpunkt. Damit passt sich der Diskurs über nachhaltigen Tourismus ein in das Konzept der *Corporate Social Responsibility* (CSR). Letztere soll also auch den Tourismus vernachhaltigen. Die tatsächlichen Wirkungen des Tourismus sind durch ein anderes zentrales Nachhaltigkeitsthema geprägt: das Wachstum.

Welche Paradoxien hier involviert sind, zeigte sich zugespitzt bei der Pleite des allerersten Reiseunternehmens überhaupt: Mitten in der Debatte über Klimaschutz und Flugscham wurde alles unternommen, um Thomas Cook zu retten – in der Diskussion darüber spielten die ökologischen Folgen des Flugverkehrs keine Rolle (vgl. auch Ludwigs Arbeit *On the Swiss trail of Thomas Cook's "Internationale Pauschalreisen": 1863–2019* auf den Seiten 80 bis 93). Die klimatischen Folgen des Fliegens gehören zum Tourismus ebenso wie die soziokulturellen Wirkungen überfüllter Innenstädte. Es ist offensichtlich, dass Tourismus natürliche und kulturelle „Ressourcen" bedrohen kann.

Was wir heute sehen, ist womöglich erst das Vorspiel – ein Schimmer von Dingen, die noch kommen werden. Für den Journalisten Frank Sieren ist das Deutschland der Zukunft „ein idyllischer Freizeitpark für chinesische Touristen"; ganz ähnliche Fantasien hat Michel Houellebecq mit Blick auf Frankreich geäußert. Man kann das übertrieben finden – oder den Gedanken auf sich wirken lassen, dass Evolution und Expansion des Tourismus das Leben in europäischen Ländern „nachhaltig" verändern werden.

China und Corona

Eine viel zitierte Studie von Goldman Sachs aus dem Jahre 2015 bringt bereits im Titel auf den Punkt, womit man es hier zu tun haben könnte: *The Chinese Tourist Boom*. Der Bericht liefert geradezu verblüffende Zahlen zu den Perspektiven des globalen Tourismus. Besonders beeindruckend darf man finden, dass heute ohnehin sehr viel vom Reiseverhalten der Chinesinnen und Chinesen die Rede ist – aber überhaupt erst 4 (vier!) Prozent von ihnen einen Reisepass besitzen. Goldman Sachs erwartet hier eine Vervielfachung – wie auch auf anderen Feldern wie Anzahl der Reisenden und potenzielle Ausgaben vor Ort.

Das schiere Wachstum der Anzahl der Touristinnen und Touristen wird im Diskurs über Overtourism immer wieder als Schlüsselfaktor genannt. *Grosso modo* ist Expansion der Schlüsselfaktor für übertouristische Exzesse und deren Folgen. Hier schlägt auf geradezu exemplarische Weise Quantität in Qualität um: Eine Veränderung der Gästezahl führt zu einer Verschlechterung der Güte von Orten.

Der beschriebene Wachstumstrend von Gesamtindustrie und einzelnen Destinationen hat lange angehalten, und der Aufstieg von Ländern wie China und Indien spricht dafür, dass er sich fortsetzt. Seit Anfang 2020 gibt es mit der Corona-Pandemie freilich einen Faktor, der eine einfache Extrapolation bisheriger Entwicklungen fragwürdig macht. Während ich diesen Text schreibe, ist völlig unklar, wie sich die Krankheit entwickelt und welche demokratiepolitischen und wirtschaftlichen Implikationen sie zeitigen wird.

Mit Sicherheit hat Corona etwas gezeigt, das auch für den Tourismus höchst relevant ist: die Fragilität einer global vernetzten Ökonomie. Es erscheint heute wahrscheinlich, dass das Virus auch den Tourismus verändern wird. Die Frage, welche Folgen ein globalisierter Tourismus im Anthropozän für die Natur, für Einheimische, für Unternehmen und für Touristinnen und Touristen selbst hat, bleibt in jedem Fall essenziell.

Kunst und Klimawandel

Welche Rolle spielt dabei die Kunst? Sie kann – darauf wird auch in Stephanie Drliks Beitrag verwiesen – Kontexte veranschaulichen, neue Perspektiven aufzeigen und das Thema emotionalisieren. Wie wichtig das ist, zeigt sich an einer der zentralen Herausforderungen unserer Zeit: Die meisten Menschen wissen, dass der anthropogene Klimawandel existiert – die relevante Frage ist, ob sie dieses Wissen auch glauben und damit handlungswirksam machen.

Kunst soll aber nicht nur vermitteln und übersetzen, sie muss auch stören. Gerade dort, wo die Kraft von Gewohnheiten und Normalitäten den Weg ins Bessere versperrt, sind künstlerische Interventionen nötig, die Irritation hervorrufen. Der Kunst Catherine Ludwigs gelingt das in bestechender Weise. Wie Matthias Klos in seinem Text bemerkt: Ludwig taucht in die touristische Welt ein und begibt sich auf die Spuren der Massen. Die daraus resultierenden stillen, bisweilen fast betulichen Artefakte und Bilder von touristisch verformten Orten stehen in einem merkwürdigen Gegensatz zur enormen Wachstumsdynamik der Tourismuswirtschaft. Die Ruhe, die wir hier sehen, ist die Ruhe vor oder nach dem Sturm. Dass Tourismus ein Sturm mit enormer Wirkungskraft ist, liegt auf der Hand. Catherine Ludwig gibt uns eine Ahnung von dieser Dynamik. Sie lässt uns fragen, was es damit auf sich hat – und ahnen, wie es anders sein könnte.

At the limit.
Tourism in the Anthropocene I Fred Luks

Benefits and side effects

Tourism is one of the most important global economic sectors. It has enormous potential in terms of economic development, job creation and nature conservation. It is possible to have a tourism industry that serves both people and nature. This possibility, however, is often *not* realised. In fact, the opposite is more often the case. The transmedia works by Catherine Ludwig draw our attention to this opposite. As the ambiguous title of this book suggests, she is concerned about the risks (and side effects) of tourist activities.

It is well known that mankind consumes far too much material, energy and land – with little prospect of this changing. On the contrary, with globalisation, of which tourism is an integral part, a way of life is spreading that can be described as "imperial", according to Ulrich Brand and Markus Wissen. This socially and ecologically unsustainable way of living and doing business is the key problem of our time. The "Great Acceleration" of the consumption of natural resources and the discourse on the Anthropocene point to the severe environmental impact of the Western lifestyle and its spread.

Mankind digs up, transforms and reshapes nature. This power changes the environment and, consequently, the living conditions of humans. At the same time, however, the Anthropocene is characterised by a fundamental powerlessness. The sociologist Christoph Görg speaks of a "dialectic of the domination of nature", which entered a new phase with the Anthropocene: "Although mankind has 'subjugated' the Earth, it is less and less able to control its relationship to nature."

Places and overtourism

This is the context in which the debate about sustainability and future viability is taking place today. The sustainability discourse is a discourse on transformation. Ultimately, it is about the conception and organisation of societal processes of searching, learning and change. Tourism shows very concretely and clearly the challenges these processes must address.

The landscape is a key factor here. As Stephanie Drlik explains in her article, the landscape is always a "mirror of society". Drlik also emphasises that spaces used for tourism are always also habitats for human beings. Tourism not only affects tourists but is an essential factor in the quality of life of the population of these places.

The images of these places, argues Matthias Klos in his text, ignite a desire that has a global impact. "People's longing to see places for themselves", writes Klos, "has given rise to the global tourism industry, the products of which are experience and pleasure." Klos aptly refers to the "tourist gaze" as "imagineering". This process produces "a narrative that sands down the Earth's rough edges for a smooth and comfortable tourist experience".

All this has profound affective connotations, but also an important material dimension. While the idea of "sanding" down the Earth is symbolic, it is essentially based on tangible things such as hotel facilities, internet connections and airports. Both the symbolic and physical elements of the tourist world lead to a process that fits into the expansion dynamics of market economies: growth that in many cases reaches and exceeds the limits of ecological and cultural carrying capacity. This is why "overtourism" is a key term in the discourse on the development of tourism today.

Impact and growth

It is significant that, in the debate on overtourism, the ecological concept of carrying capacity is often cited to illustrate the maximal load of ecosystems, beaches and city centres. The very first page of the book *Overtourism*, edited by Rachel Dodds and Richard W. Butler in 2019, refers to the "unmanaged and unsustainable growth" of the tourism industry. The expansion of this sector is not only unsustainable but also not (well) managed. While this can be seen at the level of society as a whole, it is also clearly evident on site. The world is full of truly absurd examples of how nature and the local population are completely overwhelmed wherever tourism becomes overtourism.

The beaches in countries such as Thailand or the Philippines, the quality of life in cities like Venice, Barcelona or Lucerne – these are prominent examples of what Catherine Ludwig is concerned with in her work. In the following article, she describes her work as "artistic research". This research takes up the central ideas of growth, overtourism and carrying capacity and shows us what they mean in real life. A form of tourism that Ludwig would probably analyse benevolently would be sustainable tourism. Ludwig dreams that we can relax in nature, "instead of being screened or infected by strangers in global transit areas".

As it were, overtourism is the opposite of sustainability. Where in the past there was talk of environmentally friendly or soft tourism, today we speak of "sustainable tourism". The World Tourism Organization (UNWTO) defines this guiding principle as "tourism that takes full account of its current and future economic, social and environmental impacts, addressing the needs of visitors, the industry, the environment and host communities". The focus is, therefore, on the stakeholders and the impact of activities. The discourse on sustainable tourism thus fits into the concept of corporate social responsibility. Hence, CSR should also make tourism more sustainable. The actual effects of tourism are shaped by another key sustainability issue: growth.

The paradoxes involved here were brought to a head by the bankruptcy of the world's first travel company. In the middle of the debate on climate protection and "flight shame", every effort was made to save Thomas Cook, with no account being taken of the ecological consequences of air travel. (See also Ludwig's work *On the Swiss trail of Thomas Cook's "Internationale Pauschalreisen": 1863–2019* on pages 80 to 93.) The climatic consequences of flying are just as much a part of tourism as the sociocultural effects of crowded city centres. It is obvious that tourism can threaten natural and cultural "resources".

What we are seeing today may just be the beginning – a glimpse of things to come. For the journalist Frank Sieren, the Germany of the future is "an idyllic amusement park for Chinese tourists"; Michel Houellebecq has expressed similar thoughts about France. You may find these statements over the top – or allow the idea to sink in that the evolution and expansion of tourism will change life in European countries for good.

<u>China and Corona</u>

The title of a much-cited study by Goldman Sachs from 2015 already sums up what we might be dealing with in Europe: *The Chinese Tourist Boom*. The report provides astounding figures on the prospects for global tourism. It is particularly impressive that today there is already a great deal of discussion about the travel behaviour of the Chinese – but only 4 (four!) per cent of them have a passport.

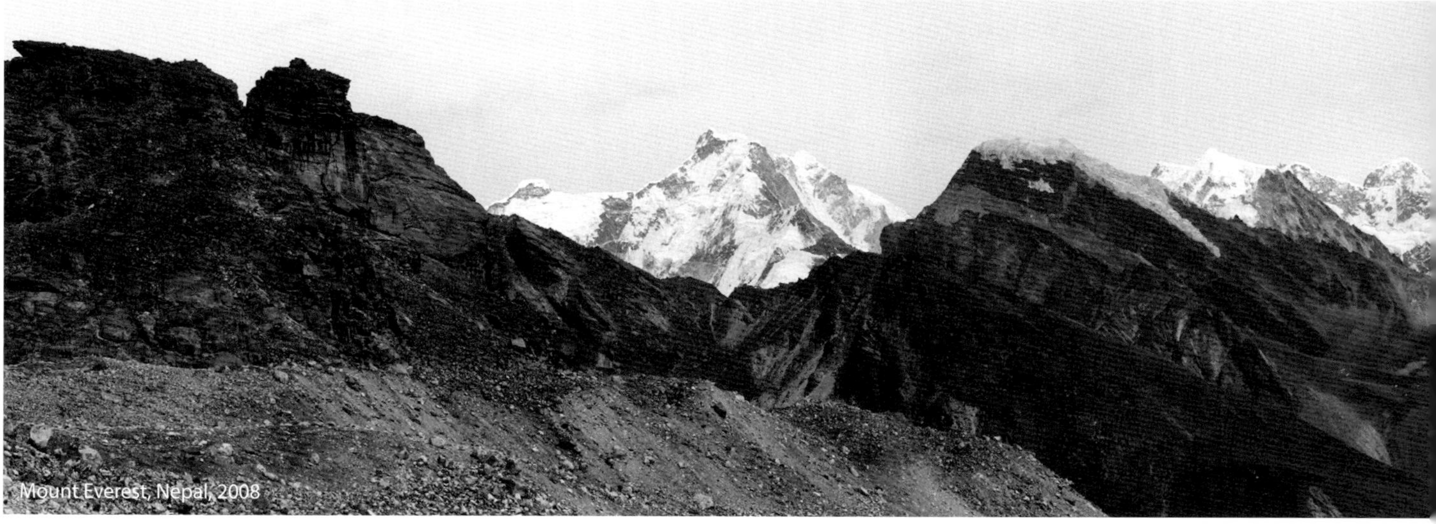

Mount Everest, Nepal, 2008

Goldman Sachs expects this figure to rise – as it will in other areas, such as the number of travellers and potential spending abroad.

The sheer growth in the number of tourists is repeatedly cited as a key factor in the discourse on overtourism. Expansion is *grosso modo* the key factor for the excesses of overtourism and its consequences. Here, quantity turns into quality in an exemplary manner: a change in the number of guests leads to a deterioration in the quality of places.

The growth trend described above for the industry as a whole and for individual destinations has continued for a long time, and the rise of countries like China and India suggests that it is not about to stop. Since the beginning of 2020, however, the coronavirus pandemic has become a factor that has called into question the simple extrapolation of previous developments. As I write this text, it is completely unclear how the disease will develop and what democratic-politic and economic implications it will have.

Corona has certainly revealed something that is also extremely relevant for tourism: the fragility of a globally interconnected economy. It now seems likely that the virus will also change tourism. The question of what consequences globalised tourism in the Anthropocene will have for nature, local citizens, companies and tourists themselves will remain essential in any case.

Art and climate change

What role does art play in this? It can – as is also pointed out in Stephanie Drlik's article – illustrate contexts, show new perspectives and emotionalise the topic. The importance of this issue can be seen in one of the biggest challenges of our time: Most people know that anthropogenic climate change exists – the question is whether they believe this knowledge and thus make it effective.

Art, however, should not only convey and translate, it should also be disruptive. It is precisely where force of habit and routine blocks the way to better things that artistic interventions that cause a disturbance are necessary. Catherine Ludwig's art succeeds in doing this in an impressive manner. As Matthias Klos notes in his text, Ludwig immerses herself in the tourist world and follows in the footsteps of the masses. The resulting silent, sometimes fussy artifacts and pictures of places deformed by tourism stand in strange contrast to the enormous growth dynamics of the tourism industry. The calm that we see here is the calm before the storm. It is obvious that tourism is a storm with enormous impact. Catherine Ludwig gives us an idea of this dynamic. She makes us ask what it is all about – and consider how things could be different.

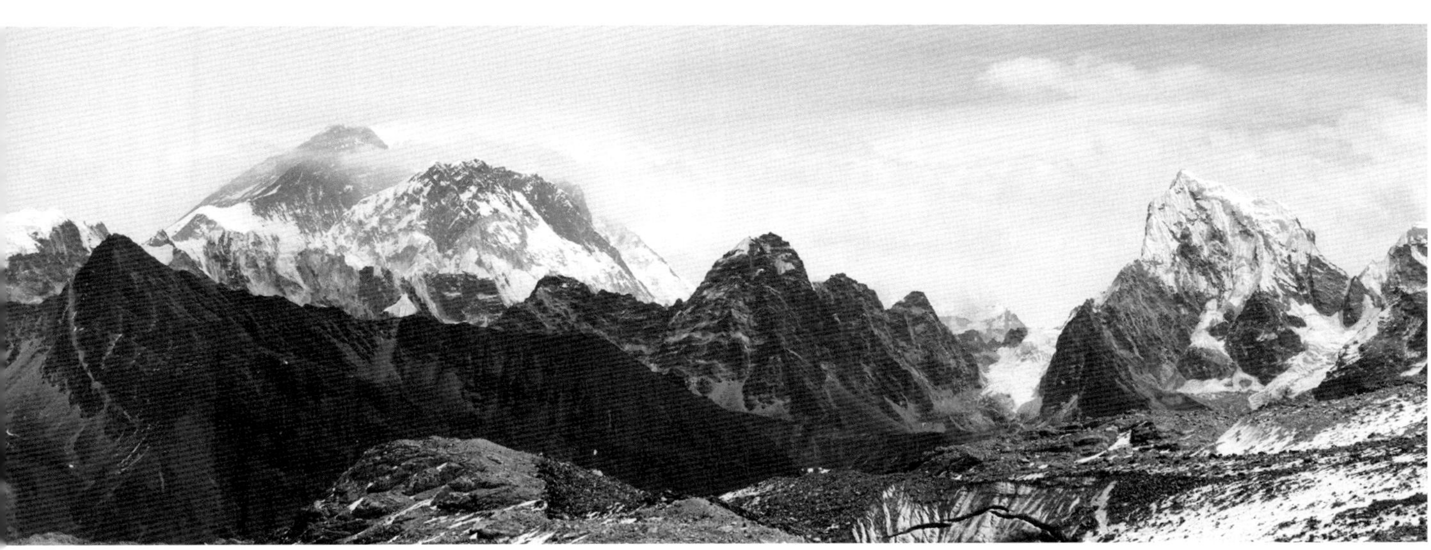

TOURISTIKEN oder der Versuch einer Chronik des Tourismus / Catherine Ludwig

„Wir sind heute alle Touristen. Und jedem anständigen Touristen missfallen die anderen Touristen.“ Ilija Trojanow
„Der Tourist zerstört, was er sucht, indem er es findet.“
Hans Magnus Enzensberger

Das angedeutete Dilemma beider Zitate – sowohl soziologisch als auch räumlich – ist Gegenstand meiner künstlerischen Forschung. Dabei untersuche ich in medienübergreifenden Arbeiten globale Phänomene von kollektivem Freizeitverhalten und den damit verbundenen Strömen von Touristinnen und Touristen. Diese Betrachtungen geben mir sowohl Einblick in zwischenmenschliche Beziehungen und politische Zusammenhänge als auch in ihnen zugrunde liegende Machtstrukturen. In meiner Arbeit durchleuchte ich verschiedene Zeitepochen, Zeiträume und Freiräume. Dabei stellen sich unter anderem Fragen nach Freizeit und Kultur im Zusammenhang mit (vermeintlicher) Natur und öffentlichem Raum. Wie gestaltet sich der oft hochfrequentierte öffentliche Raum? Wer darf ihn nützen und wofür? Welche Vorstellungen von Natur etablieren sich einerseits und wie formen diese Vorstellungen andererseits Räume, die für touristische Zwecke erschlossen sind? So gibt es zum einen eine Sehnsucht nach unberührter Natur, die in Bildern vermarktet, aber zum anderen in der Realität kaum mehr zu finden ist.
Denn im Zeitalter des Anthropozäns ist nahezu bis in den letzten Winkel der Welt alles erschlossen, bestiegen und ausgebeutet.

<u>... über das Reisen</u>
In der Antike waren Reisende Bildungsbürger*innen, Gelehrte, Künstler*innen und Geistliche. Im Mittelalter kamen die Gesellenwanderungen dazu. Ab dem 17. Jahrhundert reisten vermehrt auch Kavaliere und der Adel, und die kolonialistisch geprägten Reisen verschiedener westlicher Länder machten eine gewisse Art von „Entdeckungsreisen“ modern. So segelte 1699 Maria Sibylla Merian mit ihrer Tochter von Amsterdam nach Südamerika. Sie wagte die abenteuerliche Reise in die sogenannte „Neue Welt“. Wohlgemerkt: hundert Jahre vor Alexander von Humboldt. Ihr Ziel war Surinam, eine holländische Kolonie nördlich von Brasilien. Seit dieser Zeit gibt es auch Reisedokumentationen, die diese Forschungsreisen des gehobenen Bildungsbürgertums begleiteten.
Schließlich änderte sich der Blick auf das Meer.
Bis ins 18. Jahrhundert als feindlich gefürchtet, wurde es mehr und mehr vor allem wegen seiner medizinischen Wirkung geschätzt. Seebäder wurden eingerichtet und das Salzwasser wurde als Heilmittel angepriesen.
Vor allem an der Ostseeküste Deutschlands entstanden Kurorte und Kurbäder, die den Beginn des Badetourismus an der Ostsee einleiteten. Das Baden wurde zum Sommervergnügen des Adels, die Seebäder wurden zu Orten der Repräsentation. Die industrielle Revolution mit der Erfindung von Eisenbahn, Dampfschiff und Telegrafie kurbelte schließlich eine Erscheinung an, die wir „modernen Tourismus“ nennen. Der Alpinismus entstand und wurde durch erste Pauschal- und Gruppenreisen – organisiert von Thomas Cook – vorangetrieben. Reisebüros und Reisebroschüren entstanden, ebenso eine touristische Infrastruktur.

„Urlaub“ – bisher ein Begriff für die „Erlaubnis“, sich als Bedienstete*r von der Herrschaftsresidenz entfernen zu dürfen – wurde nun zu einem Synonym für eine Zeitspanne der Erholung und des Reisens. Die Zahl dieser modernen Reisenden stieg in der ersten Hälfte des 20. Jahrhunderts rasant an. Der Nationalsozialismus tat dieser Entwicklung durch die Gründung der „Kraft durch Freude“-Organisation, kurz KdF-Organisation, keinen Abbruch. Im Gegenteil: Sie wurde zur größten politisch durchdrungenen Freizeitorganisation in ganz Europa. Im großen Stil wurden Pauschalreisen mit dem Zug oder Schiff organisiert. Nach dem Zweiten Weltkrieg setzte ab 1947 der Reiseverkehr erst langsam wieder ein. In den 1970er-Jahren war der Urlaub für eine breite Bevölkerungsschicht erschwinglich. Es entwickelte sich der klassische Sommerurlaubstourismus, und es entstanden mehr und mehr Orte, die sich ganz an den Bedürfnissen von Touristen(massen) orientierten. War bis dahin das Kernziel eines Urlaubes die Erholung, zu der man ein- bis zweimal im Jahr antrat, so steht heutzutage eher das konsumierbare Erlebnis im Vordergrund.

Der „Massentourismus“ ist heute ein sehr wichtiger Industriezweig und unterliegt den – bereits aus der Industrie bekannten – Prinzipien der Normung, Montage und Serienfertigung. Hans Magnus Enzensberger fasst es folgendermaßen zusammen:

„Mit dem Reiseführer wurde die Reise genormt, durch Fahr- und Gutscheinhefte wurde sie montiert, durch massenhafte Gesellschaftsreisen wurde sie zur Serienproduktion geführt.“ Hans Magnus Enzensberger (in: Prahl (Hrsg.), *Soziologie der Freizeit,* Schöningh, Paderborn 2002, 245)

Da der Tourismus ebenfalls der westlichen wirtschaftlichen Logik des permanenten Wachstums folgt, war es nur eine Frage der Zeit, bis sich Probleme, die sich aus einem „Zuviel“ ergeben, ablesen lassen. In den vergangenen fünfzig Jahren hat sich die Gesamtzahl der jährlichen Reisen vervierfacht, der Großteil davon sind Auslandsreisen, darunter viele Kurzreisen wie der beliebte Städtetrip. Seit einigen Jahren spricht man von Overtourism, der sich insbesondere darin zeigt, dass eine Verdrängung der Einwohner*innen durch die touristischen Besucher*innen stattfindet: So wird etwa die Infrastruktur, die für das alltägliche Leben notwendig ist, zugunsten einer touristischen Infrastruktur aufgegeben.

„Jeder Ort hat eine ökologische, kulturelle und emotionale Aufnahmekapazität. Wir diskutieren täglich über Obergrenzen für Flüchtlinge, gestehen uns selbst aber gleichzeitig unbeschränkte Mobilität zu. (…) Diese Probleme und Konflikte werden sich übrigens in Zukunft noch verschärfen: Die Welttourismusorganisation UNWTO geht für 2030 von jährlich 1,8 Milliarden Reisenden aus, vor allem wegen der neuen, reisefreudigen Mittelschicht aus China, Indien, Brasilien oder Russland.“ Ilija Trojanow (in: *Gebrauchsanweisung fürs Reisen*, Piper Verlag, München 2018, 183)

Immer mehr Städte reagieren nun mit Sanktionen bzw. Strafen oder sie überlegen – wie z. B. Venedig –, ob etwa von Tagestouristinnen und -touristen Gebühren eingehoben werden sollen. Allerdings kommt in Venedig noch erschwerend hinzu, dass aufgrund der 500 Kreuzfahrtschiffe, die jährlich in Venedig ankern, die Substanz der Häuser dauerhaft geschädigt wird und die Stadt die schlechteste Luft aller Hafenstädte Italiens hat.

... Touristen sind immer die Anderen?

Im seichten, trüben Meerwasser steht ein Mann in bunten Shorts, in der Hand hält er ein dickes Buch. Er liest und schaut zwischendurch auf die Wellen, die seine Beine umspielen. Einige Meter von ihm entfernt steht eine Mutter mit ihrem sechsjährigen Sohn im hüfthohen Wasser und beide bestaunen das Meer. Geschwommen, getaucht, gesurft, gespritzt wird nicht – noch nicht. Aufzeichnungen vom Küstenstreifen vor Qingdao, China, 2004

Schon damals war der Strand besser frequentiert als jeder beliebige Küstenstreifen an der Adria im Hochsommer. Man schwamm zwar nicht im Wasser, reihte sich aber Tuch an Tuch, Plastikstuhl an Plastikstuhl, Schirm an Schirm, redete und aß mit Blick auf das trübe Nass.
In weniger als 15 Jahren hat sich in China nicht nur politisch und wirtschaftlich vieles verändert: Heute ist das Meerwasser vor allem in den Provinzen Jiangsu und Shandong von Algenteppichen und Tausenden bunten Plastikschwimmreifen inklusive der darin stehenden asiatischen Tourist*innen durchzogen. Abends wird tonnenweise der Müll entsorgt. Ich habe diese Entwicklung erforscht: als Künstlerin und auch als Touristin.
Noch reist nur ein geringer Bruchteil der mehr als 1,4 Milliarden Chinesinnen und Chinesen, aber das wird sich in den kommenden Jahrzehnten wohl ändern. Der wachsenden Mittelschicht Chinas ist es nun gestattet, Urlaub in Anspruch zu nehmen und auch andere Länder zu bereisen. Da auch in anderen Ländern Asiens und auf der ganzen Welt die Touristenströme in den vergangenen Jahrzehnten erheblich zugenommen haben und noch weiter zunehmen werden, ist es berechtigt, vom Zeitalter des Tourismus zu sprechen. Der Tourismus ist demnach zur wichtigsten Industrie dieses neuen Jahrhunderts geworden.

... Tourismus und Klima

Der Tourismus beeinflusst nachweislich das Klima, das Klima und der Klimawandel beeinflussen im Umkehrschluss jedoch auch den Tourismus. Dabei ist gerade der Tourismus im hohen Maße abhängig von klimatischen Gegebenheiten. Die Natur reagiert nach eigenen Gesetzen, es ist unmöglich, mit ihr im herkömmlichen Sinn zu verhandeln. Die wirtschaftlichen, gesellschaftlichen und sozialen Umstände formen unser Verhalten, so auch unser Freizeitverhalten, die vermeintlich „freie“ Zeit, die wir gestalten oder gestalten lassen. Dieses Verhalten unterliegt einem permanenten Wandel, den ich mit dieser Chronik des Tourismus einerseits darstellen und andererseits auch weiterdenken will.

War es lange Zeit ein Trend, mit Fernreisen zu prahlen, könnte es durch den Klimawandel und den damit einhergehenden gesellschaftlichen Druck durchaus mehr Prestige bekommen, ganz im Sinne des *„ursprünglichen Prototyps des Touristen – Benjamins Flaneur – beim Spazierengehen in der eigenen Stadt einen sozusagen touristischen Blick auf die Boulevards vor der eigenen Haustür zu werfen".* Ilija Trojanow (in: *Gebrauchsanweisung fürs Reisen,* Piper Verlag, München 2018, 234–235)

Oder wir erholen uns wieder im Grünen, statt in globalen Transiträumen von wildfremden Menschen durchleuchtet oder angesteckt zu werden. Dieser Wunsch könnte wegen der Corona-Krise tatsächlich in Erfüllung gehen, irgendwann ...

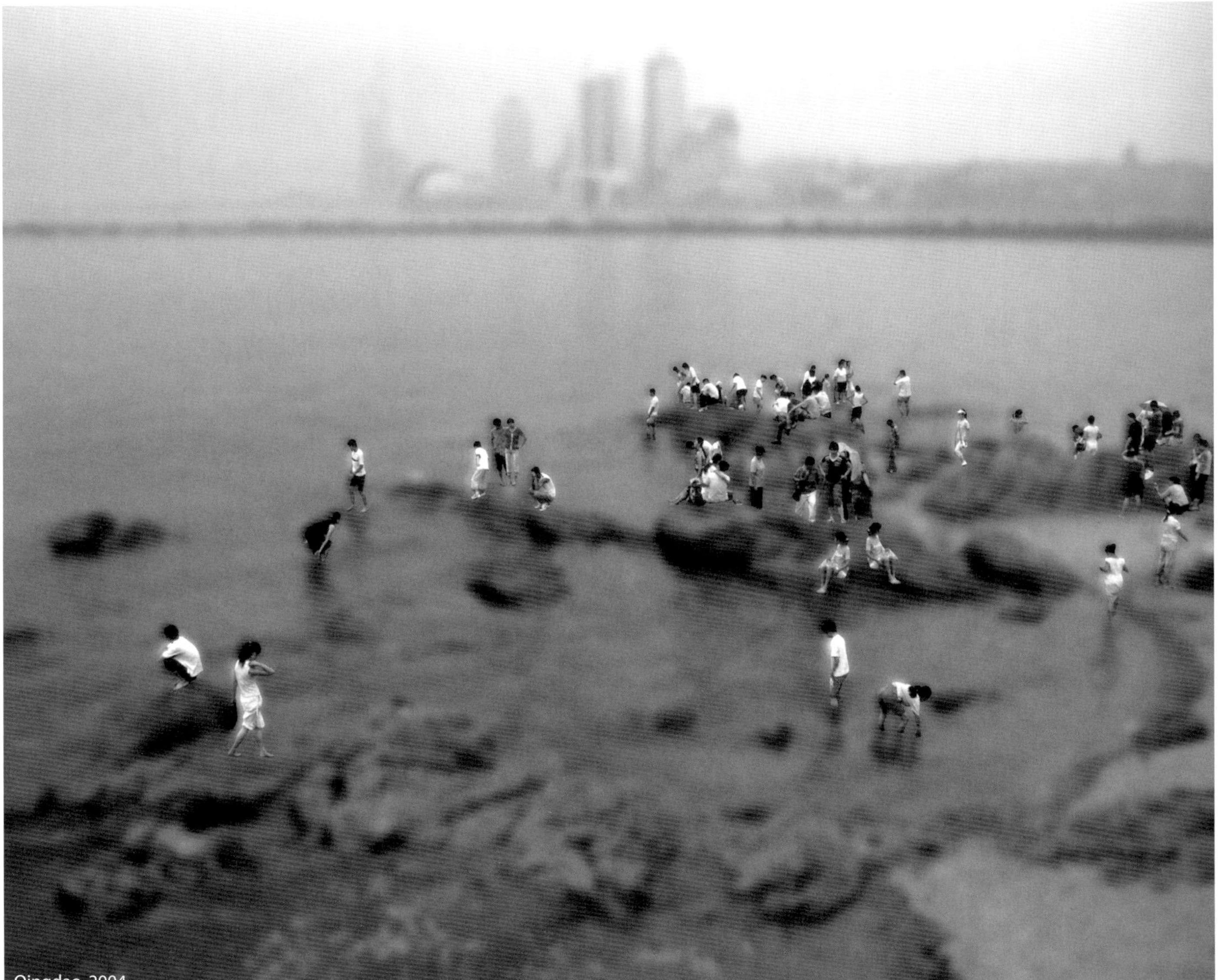

Qingdao, 2004

TOURISCS or the attempt to chronicle tourism
Catherine Ludwig

"Today we are all tourists. And every decent tourist disapproves of the other tourists." Ilija Trojanow
"The tourist destroys what he seeks by finding it."
Hans Magnus Enzensberger

The suggested dilemma in both quotes – both sociologically and spatially – is the subject of my artistic research. In transmedia work, I investigate the global phenomena of collective leisure behaviour and the associated influx of tourists. These observations have given me insight into the interpersonal relationships and political contexts of this dilemma as well as into their underlying power structures. In my work, I examine different epochs, time periods and free spaces. Among other things, questions about leisure and culture in connection with (supposed) nature and public space arise. How is the often-crowded public space shaped? Who may use it and for what? What ideas of nature have been established and how do these ideas shape spaces that are developed for tourism? Part of the problem is that there is a longing for the untouched nature that is marketed in images, but that in reality can hardly be found anymore. This is because in the age of the Anthropocene, almost every last corner of the Earth has been explored, developed and exploited.

... on travelling

In ancient times, travelling was restricted to educated citizens, scholars, artists and clergymen. In the Middle Ages, men and women would travel for several years after completing their apprenticeships as craftsmen (known as the journeyman years). From the 17th century onwards, cavaliers increasingly began to travel, and the aristocracy and the colonial journeys of various Western countries made fashionable a certain type of "voyage of discovery". In 1699, Maria Sibylla Merian sailed with her daughter from Amsterdam to South America. She embarked on the adventurous journey to the so-called New World. Mind you, this was a hundred years before Alexander von Humboldt. Their destination was Suriname, a Dutch colony north of Brazil. Since that time, there have also been travel documentaries that accompany these research trips of the educated, upper-middle class.

Another important factor that contributed to modern travel was the changing perception of the sea. Feared as hostile until the 18th century, it increasingly began to be appreciated mainly for its medicinal effects. Seaside resorts were established, and salt water was touted as a remedy. Especially on the Baltic coast of Germany, health resorts and spas were established, which initiated the beginning of bathing tourism on the Baltic Sea. Bathing became the summer pleasure of the nobility, and the seaside resorts became places "to be seen". The industrial revolution, with the invention of the railway, steamboat and telegraphy, eventually spurred the phenomenon we call "modern tourism". Alpinism emerged and was promoted by the first package and group tours organised by Thomas Cook. Travel agencies and travel brochures were created and with them came tourism infrastructure.

The "holiday", previously a term for the "permission" to be allowed to leave the residence as a servant, has now become synonymous with a period of relaxation and travel. The number of these modern travellers rose rapidly in the first half of the 20th century. By founding the Kraft durch Freude (Strength Through Joy) organisation, or KdF for short, the National Socialist German Workers' Party did not stand in the way of this development. On the contrary, it became the largest politically influenced leisure organisation in all of Europe. Package tours by train or ship were organised on a grand scale. After the devastating Second World War, it was not until 1947 that tourist traffic slowly started up again. In the 1970s, holidays were affordable for a broad section of the population. Classic summer holiday tourism developed, and more and more destinations emerged that were entirely geared towards the needs of the tourist masses. Until then, the main goal of a holiday was to relax once or twice a year, whereas nowadays the focus is more on the consumable experience.

Today, mass tourism is a key branch of industry and is subject to the principles of standardisation, assembly and mass production known from the industry. Hans Magnus Enzensberger sums it up as follows: *"Travel was standardised with the travel guide, assembled with booklets and vouchers and mass produced through mass group tours."*
Hans Magnus Enzensberger (in: Prahl (Ed.), *Soziologie der Freizeit*, Schöningh, Paderborn 2002, 245)

Since tourism also follows the Western economic rationale of continuous growth, it was only a matter of time before problems resulting from excess travel became apparent. In the past fifty years, the total number of annual trips has quadrupled, the majority of which are trips abroad, including many short trips like the popular city trip. For some years now there has been talk of overtourism, which is particularly evident in the fact that tourists are displacing the inhabitants of the places they visit. For example, the infrastructure necessary for everyday life is being abandoned in favour of tourist infrastructure.

"Every place has an ecological, cultural and emotional capacity. We discuss limits for refugees every day, but at the same time allow ourselves unlimited mobility. (...) Incidentally, these problems and conflicts will become even more acute in the future: The World Tourism Organization (UNWTO) expects the number of international tourists to reach 1.8 billion by 2030, primarily because of the new middle class from China, India, Brazil and Russia, who are travel enthusiasts". Ilija Trojanow (in: *Gebrauchsanweisung fürs Reisen*, Piper Verlag, Munich 2018, 183)

More and more cities are now reacting with sanctions, penalties or are considering, as, for example, Venice, whether to levy fees on day-trippers. The situation in Venice is further exacerbated, however, by the fact that, due to the 500 cruise ships that anchor in the city every year, the structure of the buildings has been permanently damaged and the city has the worst air quality of all Italian port cities.

... are tourists always the "Other"?

A man in brightly coloured shorts stands in the shallow, murky sea water holding a thick book in his hand. He reads and looks at the waves that play around his legs. A few metres away from him, a mother stands with her six-year-old son in waist-high water and they both marvel at the sea. There will be no swimming, diving, surfing or splashing – not yet. Notes from the Qingdao coast, China, 2004

Even back then, the beach had more visitors than any coastline on the Adriatic in the height of summer. People did not swim in the water, but they lined up towel by towel, plastic chair by plastic chair, umbrella by umbrella, and chatted and ate with a view of the murky water.

In less than fifteen years, much has changed in China – and not just politically and economically. Today, especially in Jiangsu and Shandong provinces the sea water is teeming with algae and thousands of colourful plastic swimming rings, including the Asian tourists wearing them. In the evening, rubbish is disposed of by the ton. I have researched this development as an artist and also as a tourist. Only a small fraction of the more than 1.4 billion Chinese still travels, but that will probably change in the coming decades. China's growing middle class is now allowed to take holidays and travel to other countries. Since the number of tourists in other Asian countries and around the world has also increased significantly in recent decades and will continue to do so, we are justified in referring to the age of tourism and it has thus become the most important industry of this new century.

... tourism and climate

While tourism has been shown to influence the climate, the climate and climate change also have an effect on tourism. Tourism in particular is highly dependent on climatic conditions. Nature reacts according to its own laws; it is impossible to negotiate with it in the conventional sense.

Our behaviour, including our leisure time behaviour – our supposedly "free" time – is shaped by economic, societal and social conditions. This behaviour is subject to constant change, which I would like to both illustrate with this chronicle of tourism and also examine further. While it was long a trend to boast about long-distance travel, climate change and the social pressure associated with it mean that it could well become more prestigious *"to walk around one's own city and view the boulevards outside one's own front door through the eyes of a tourist, so to speak – quite in the spirit of the original prototype of the tourist – Walter Benjamin's flaneur".* Ilija Trojanow (in: *Gebrauchsanweisung fürs Reisen*, Piper Verlag, Munich 2018, 234–235)

Or we can choose to relax once again in nature, instead of being screened or infected by strangers in global transit areas. Because of the coronavirus crisis, this might actually become a necessary choice…

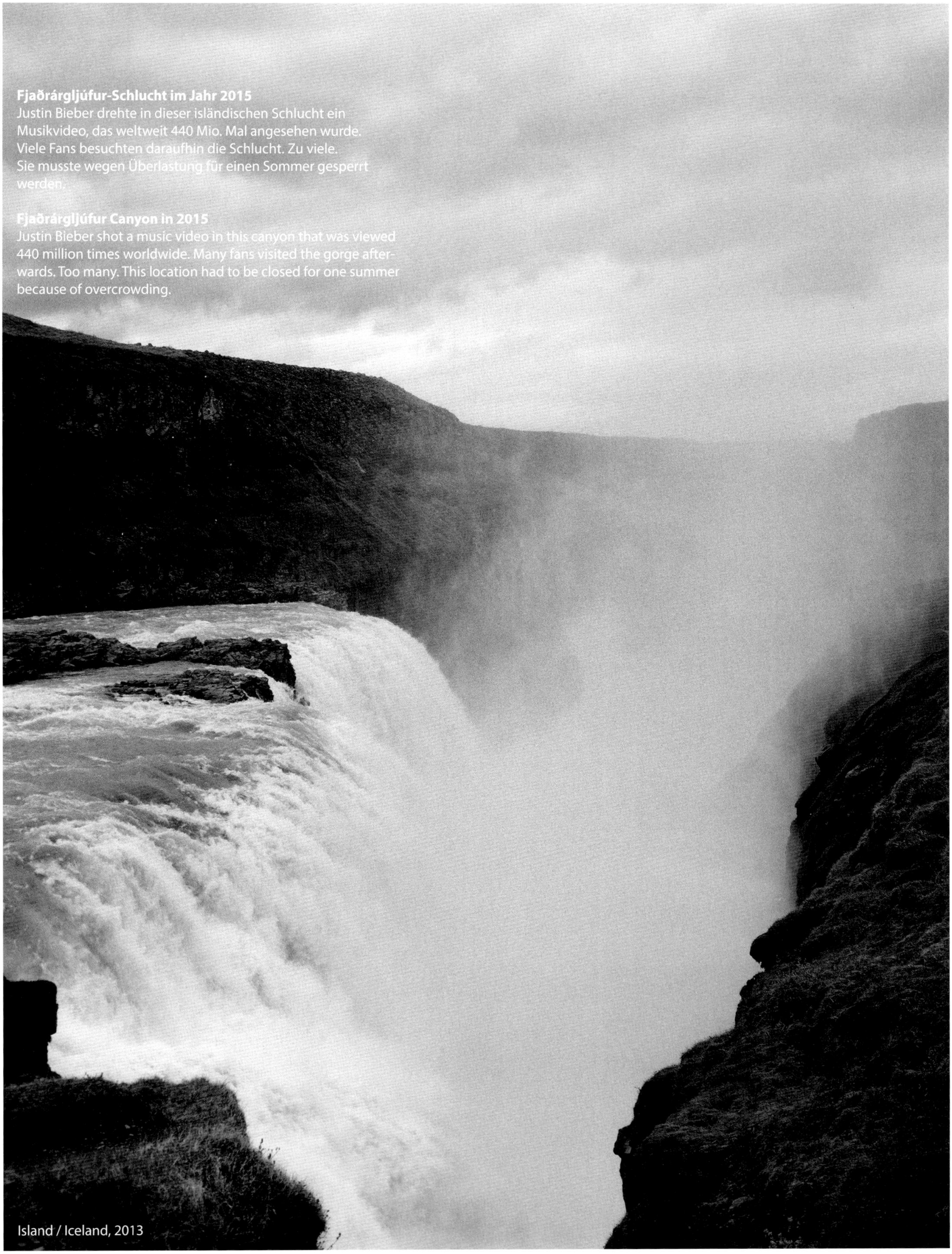

Fjaðrárgljúfur-Schlucht im Jahr 2015
Justin Bieber drehte in dieser isländischen Schlucht ein Musikvideo, das weltweit 440 Mio. Mal angesehen wurde. Viele Fans besuchten daraufhin die Schlucht. Zu viele. Sie musste wegen Überlastung für einen Sommer gesperrt werden.

Fjaðrárgljúfur Canyon in 2015
Justin Bieber shot a music video in this canyon that was viewed 440 million times worldwide. Many fans visited the gorge afterwards. Too many. This location had to be closed for one summer because of overcrowding.

Island / Iceland, 2013

aus/sicht

[audio-visual space installation: wooden archive box (169 x 21 x 15 cm), 6 tables (2,0 x 0,35 x 0,9 m), 200 handmade beer coasters (9,3 x 9,3 cm), sound loop, 2006]

Die Installation *aus/sicht* ist ein „spekulatives Aufspüren" der Kontroll-, Disziplinierungs- und Manipulationsmechanismen des ersten angepriesenen, fremdgesteuerten und durchorganisierten Pauschalurlaubs im Nationalsozialismus.

Diese gesteuerte Freizeit der „Kraft durch Freude"-Organisation, kurz KdF, wurde in den 1930ern von einer privaten Angelegenheit zu einer staatlichen. Dieses touristische Produkt für breite Bevölkerungsschichten wies bereits alle typischen Merkmale der heutigen modernen Pauschalreiseindustrie auf.
Ein fiktiver Panorama-Ausblick aus dem „Seebad der 20.000" in Prora (Rügen) wird zeichnerisch auf 200 unbedruckten Bierdeckeln umgesetzt. Diese fiktive Aussicht spannt sich „panoramatisch" und chronologisch über siebzig Jahre – von 1936, der Grundsteinlegung, bis in die Gegenwart des Jahres 2006. Die Veränderungen vor Ort, die sich über diese Zeitspanne erstrecken, werden in einem schweifenden Blick des fiktiven Touristen in kleinen Miniszenarien erlebbar gemacht.

The installation *aus/sicht* is a "speculative exploration" of the control, disciplinary and manipulation mechanisms of the very first advertised, State-operated and fully organised package holiday under National Socialism.

This leisure time managed by the "Kraft durch Freude" (Strength Through Joy) organisation, or KdF for short, went from being a private affair to one of the state in the 1930s. This tourist product, which was targeted at broad sections of the population, already had all the typical characteristics of today's modern package tour industry. A fictitious panoramic view from the "seaside resort for 20,000" in Prora (Rügen) is drawn on 200 blank beer mats. This fictitious view spans "panoramically" and chronologically over seventy years, from 1936, when the foundation stone was laid, to the present day in 2006. The changes on site that took place over this period are brought to life in miniature sceneries through the wandering gaze of the fictitious holidaymaker.

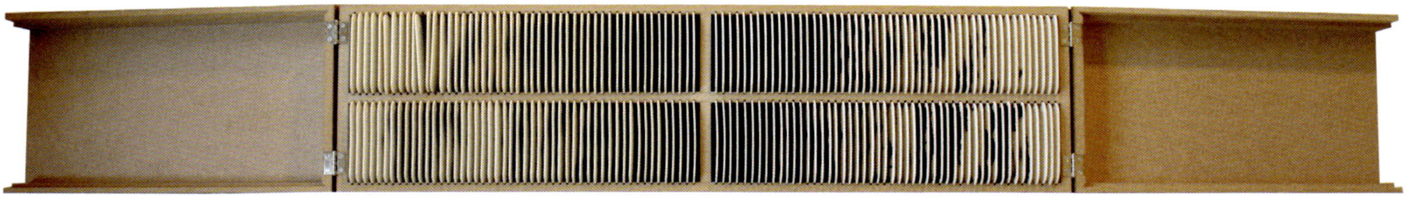

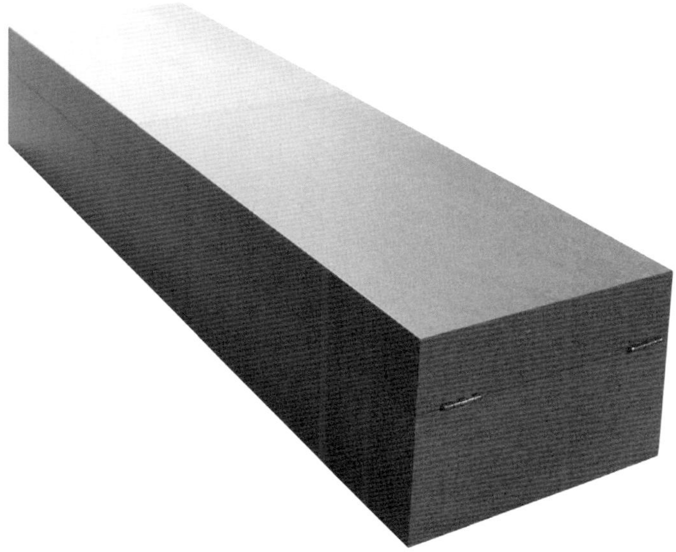

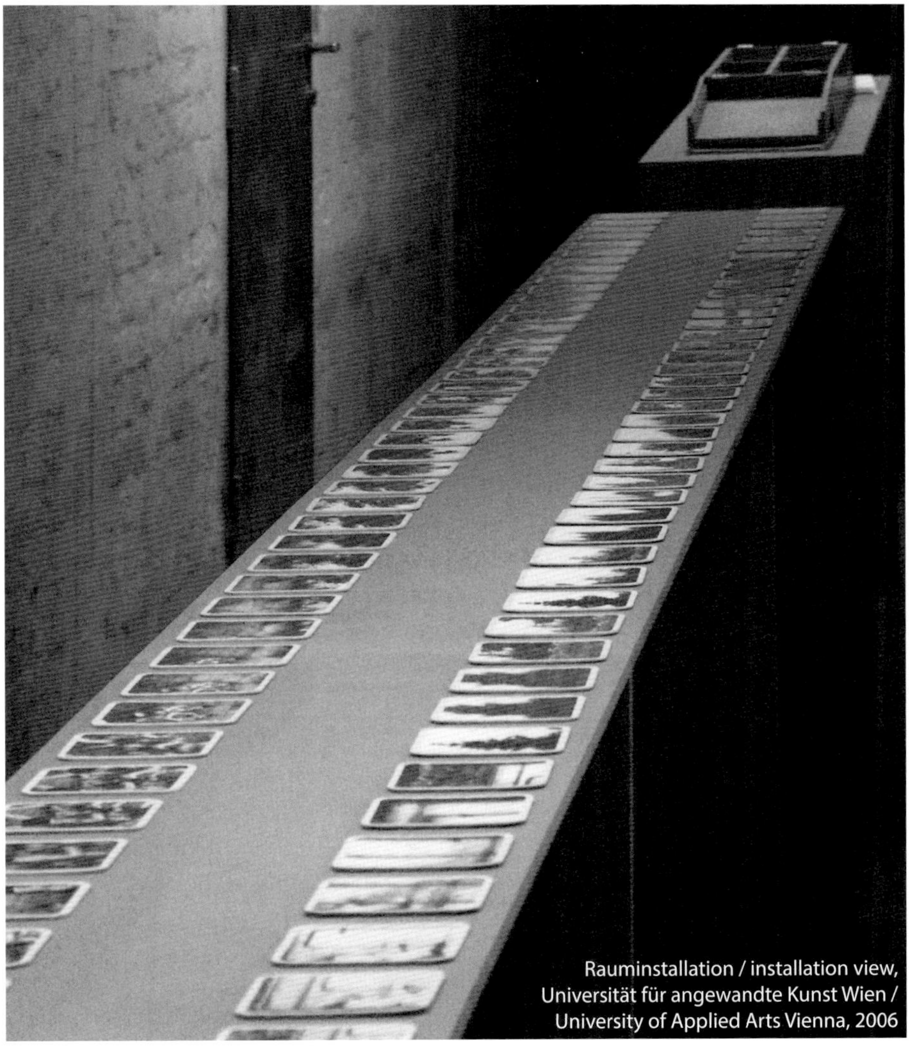

Rauminstallation / installation view, Universität für angewandte Kunst Wien / University of Applied Arts Vienna, 2006

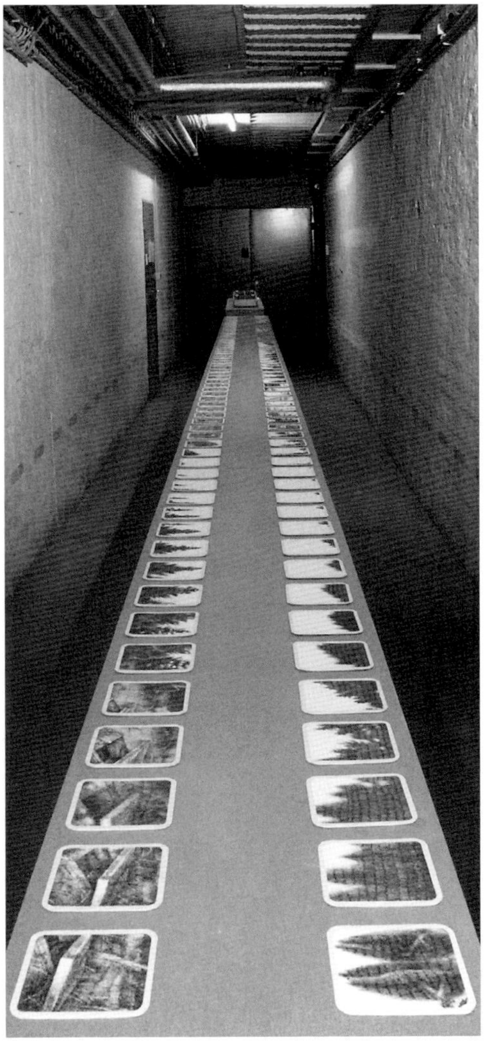

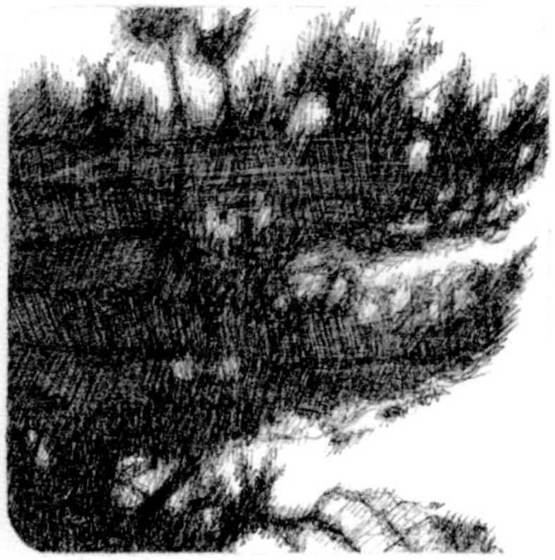
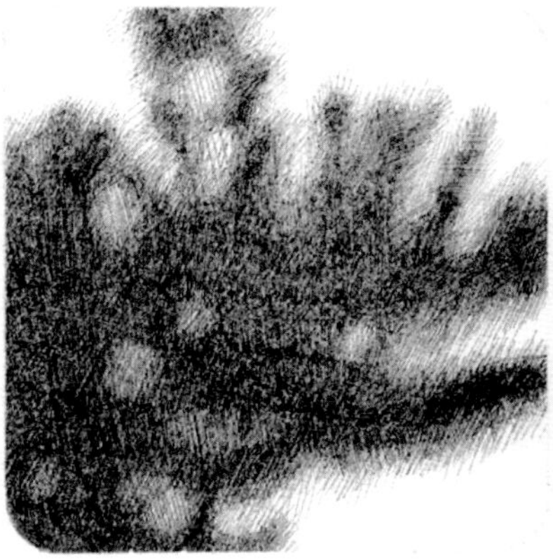
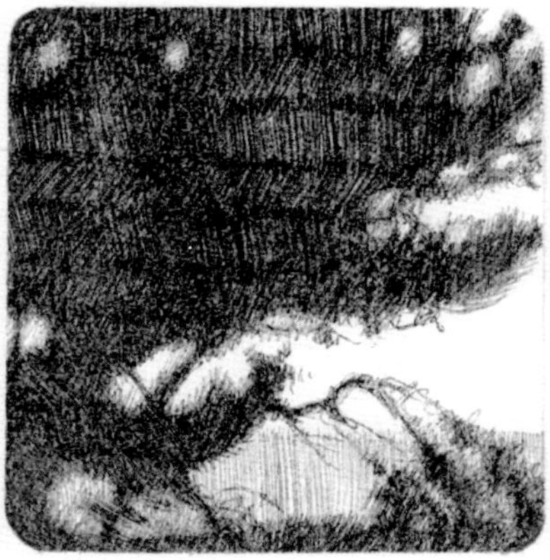
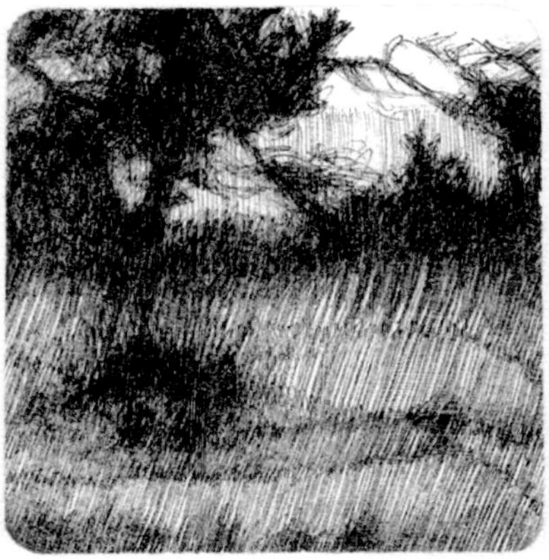
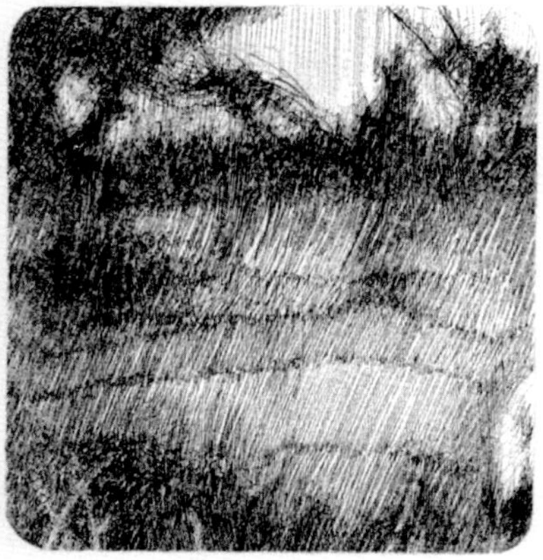
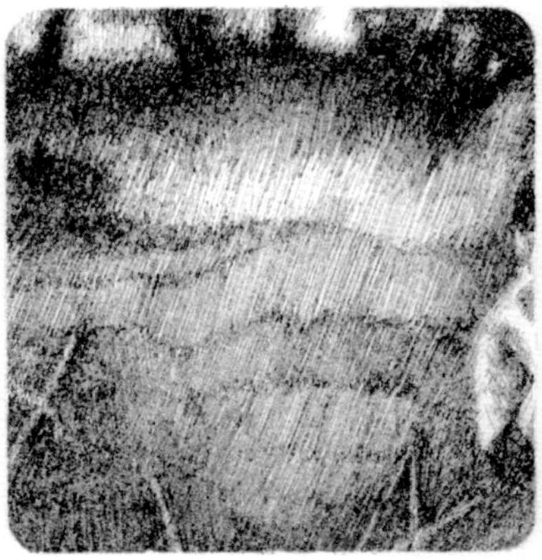

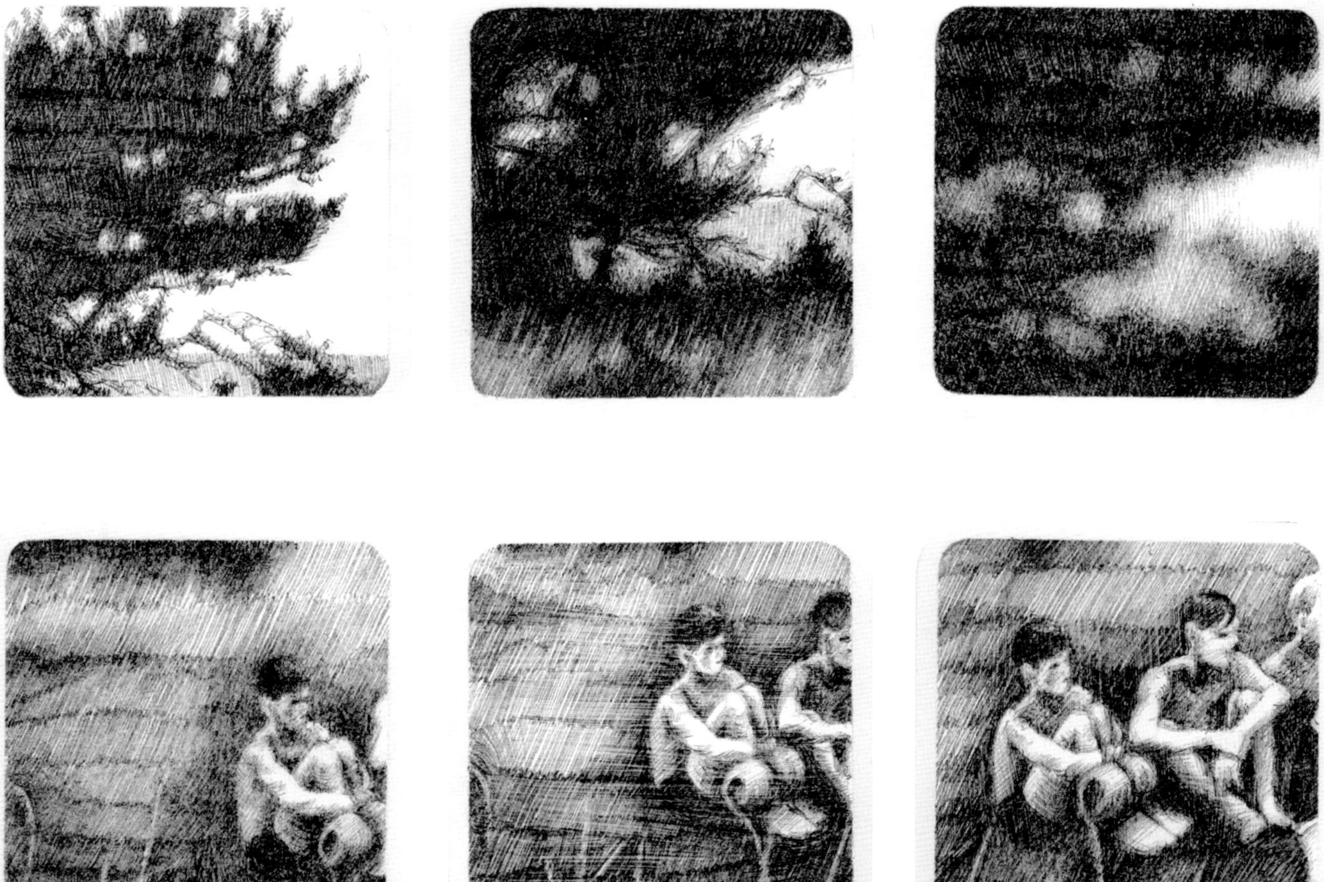

Leisure Time à la eastern style, beach no. 05

[videos "Baywatch" (2'44"), "Girls" (2'18") and "Sand worker" (1'44"), 2005]

Die Videos dokumentieren das Verhalten am Strand, das geprägt und dominiert ist von Verhaltensregeln, festgelegt durch die Strandaufsicht.

The videos document behaviour on a beach, which is shaped and governed by rules of conduct set by the lifeguard.

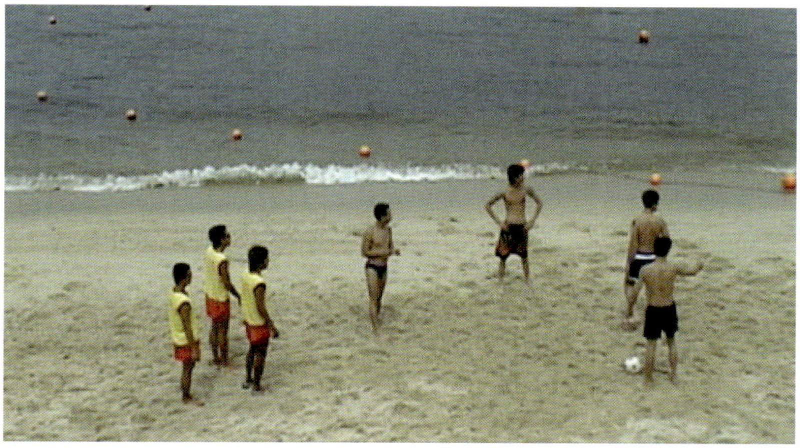

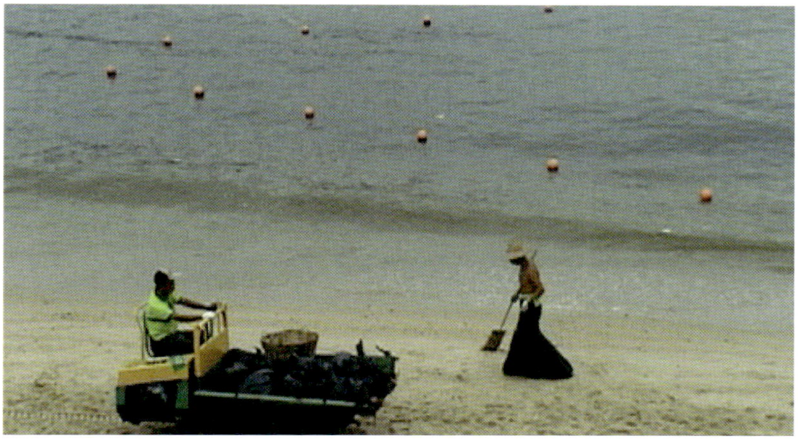

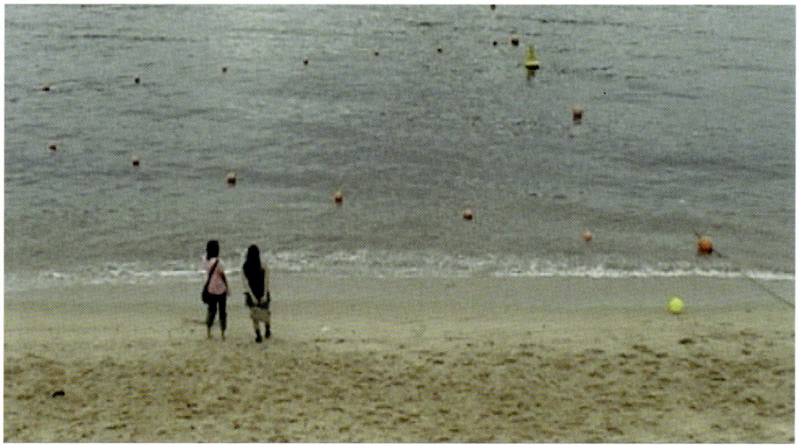

DISZIPLIN beim BADEN

[video animation (16:9, 12'), 2017]

Das Frühjahrsbaden am ersten Tag des neuen Jahres an der Küste der Ostsee ist der Ausgangspunkt der Videoanimation und lotet die Verhaltensweisen, die Haltungen und die Rahmenbedingungen beim Baden seit Anbeginn dieser Freizeitgestaltung an der Ost- und Nordsee aus. Erforscht werden dabei auch die Unterschiede kultureller Identitäten der jeweiligen Zeitepochen.

Jede Epoche hat ihre soziokulturell differenzierten Verhältnisse und Beziehungen zum Körperlichen, ihre speziellen Einstellungen zu Sexualität und Nacktheit. Daraus leiten sich Sitten, Moral, Handlungs- und Verhaltensweisen für die gesamte Gesellschaft ab. Vgl. Ernst G. Eder (*Bade- und Schwimmkultur in Wien*, Böhlau Verlag, Wien 1995)

Bathing on the first day of the new year on the coast of the Baltic Sea is the starting point of the video animation. It explores the behaviour, attitudes and general conditions for bathing since the beginning of this leisure activity on the Baltic and North Seas. The differences in the cultural identities of the respective epochs are also explored.

Each epoch has its socio-culturally differentiated dynamics and relations to the physical, its specific attitudes towards sexuality and nudity. From this are derived customs, morals, conduct and behaviour patterns for the entire society. cf. Ernst G. Eder (*Bade- und Schwimmkultur in Wien*, Böhlau Verlag, Vienna 1995)

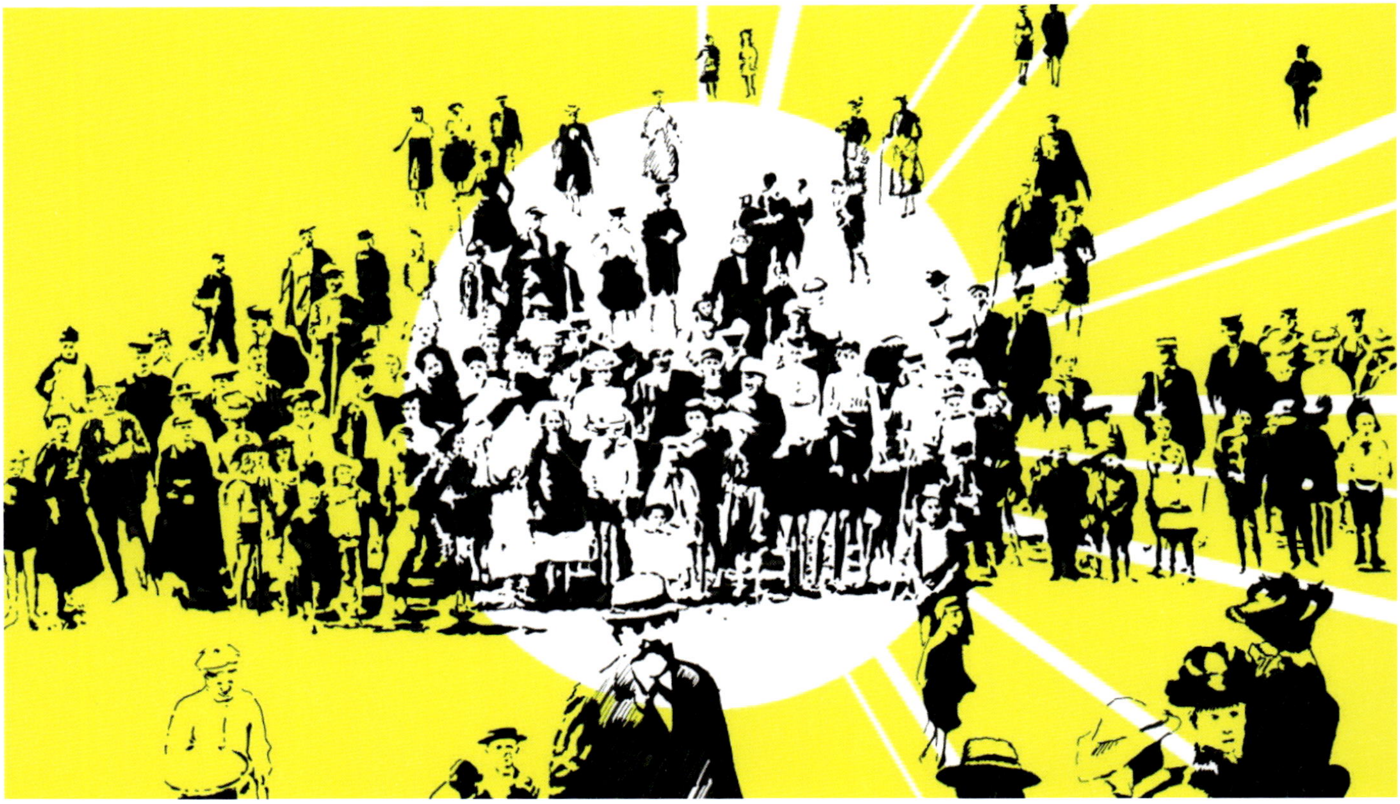

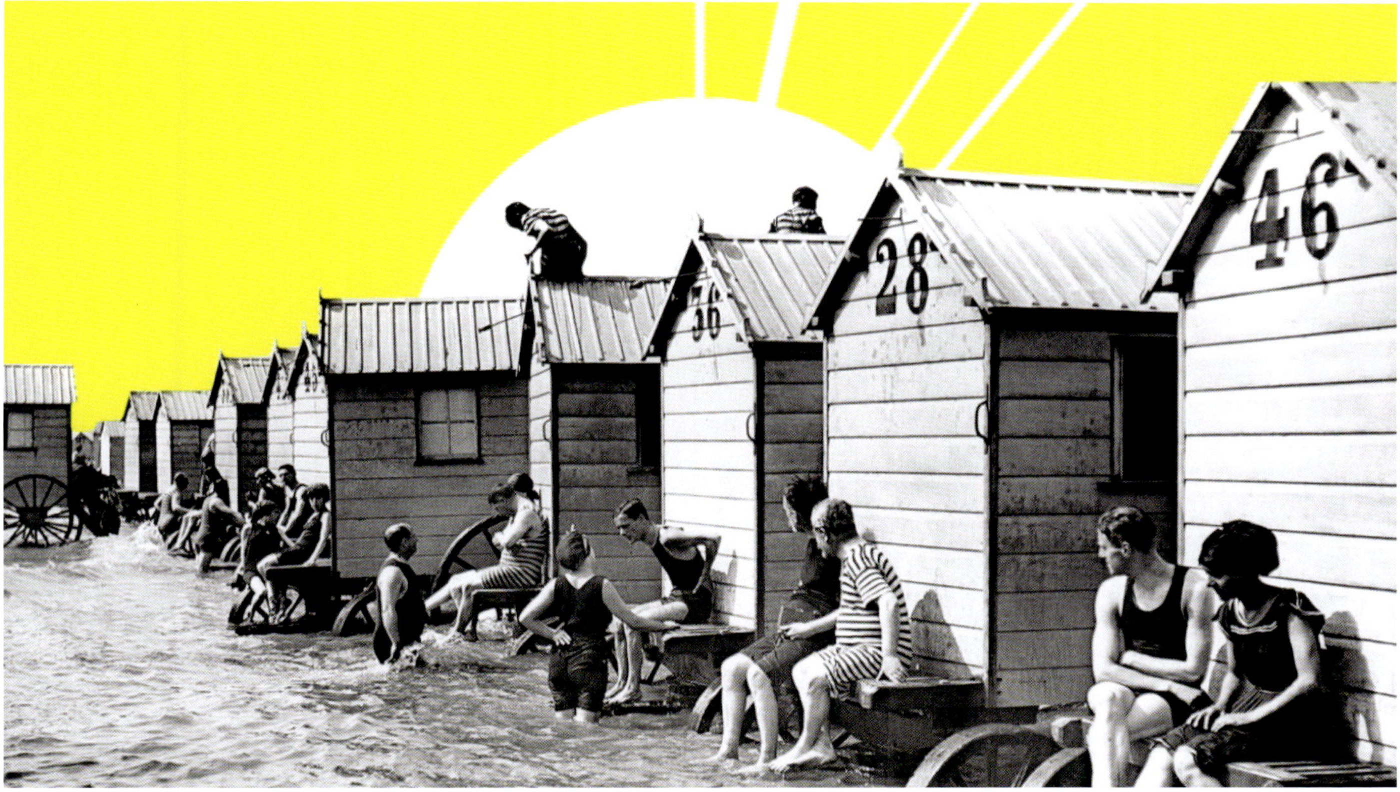
46
28
36

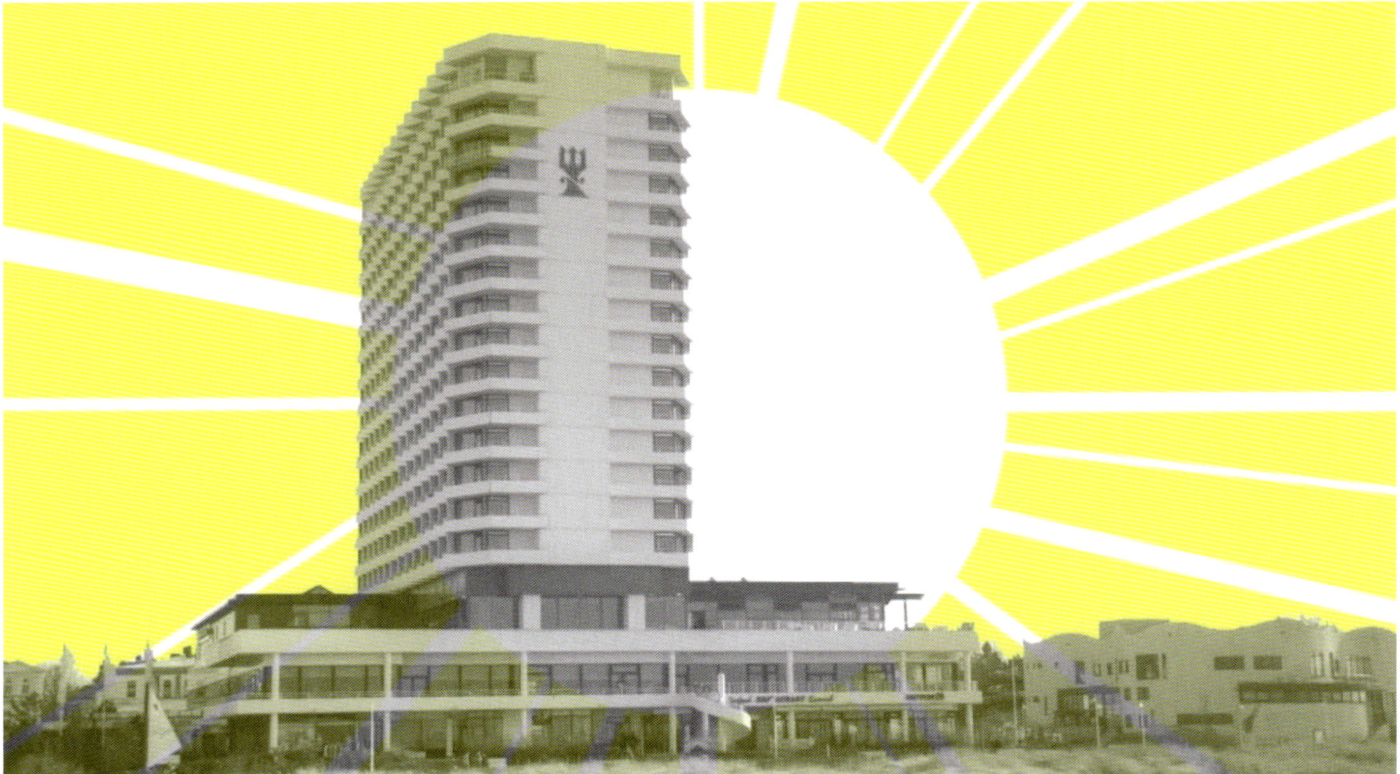

Stranded objects

[crayon drawings (watercolour, 30 x 42 cm & 20 x 30 cm), since 2011]
Stations: Iceland, the USA, Germany and Finland

Das langlebige Schwemmgut aus Plastik gibt Zeugnis ab über unseren Umgang mit diesem verführerischen wie praktischen Stoff und ist gleichzeitig auch Verursacher des massiven Entsorgungsproblems weltweit.

„Die Schätzung des globalen Eintrags von Plastikmüll in die Meere geht von 4,8 bis 12,7 Millionen Tonnen pro Jahr aus.“ „Plastic waste inputs from land into the ocean“ (in: *Science*, Vol. 347, 2015, 769)

„Laut Schätzungen haben sich dort bereits mindestens 150 Millionen Tonnen angesammelt.“ https://www.greenpeace.de

The durable plastic flotsam bears witness to our handling of this seductive and practical material and is also the cause of the massive disposal problem worldwide.

"The global input of plastic waste into the oceans is estimated at between 4.8 and 12.7 million tons per year." "Plastic waste inputs from land into the ocea" (in: *Science*, Vol. 347, 2015, 769)

"According to estimates, at least 150 million tons have already accumulated there." https://www.greenpeace.de

54.470620 N, 9.840468 E / 54.464990 N
9.841321 E / 54.448741 N, 9.877901 E
Koordinaten der Fundorte am Strand von Eckernförde, Ostsee
Coordinates of the places of discovery at the beach of Eckernförde, Baltic Sea

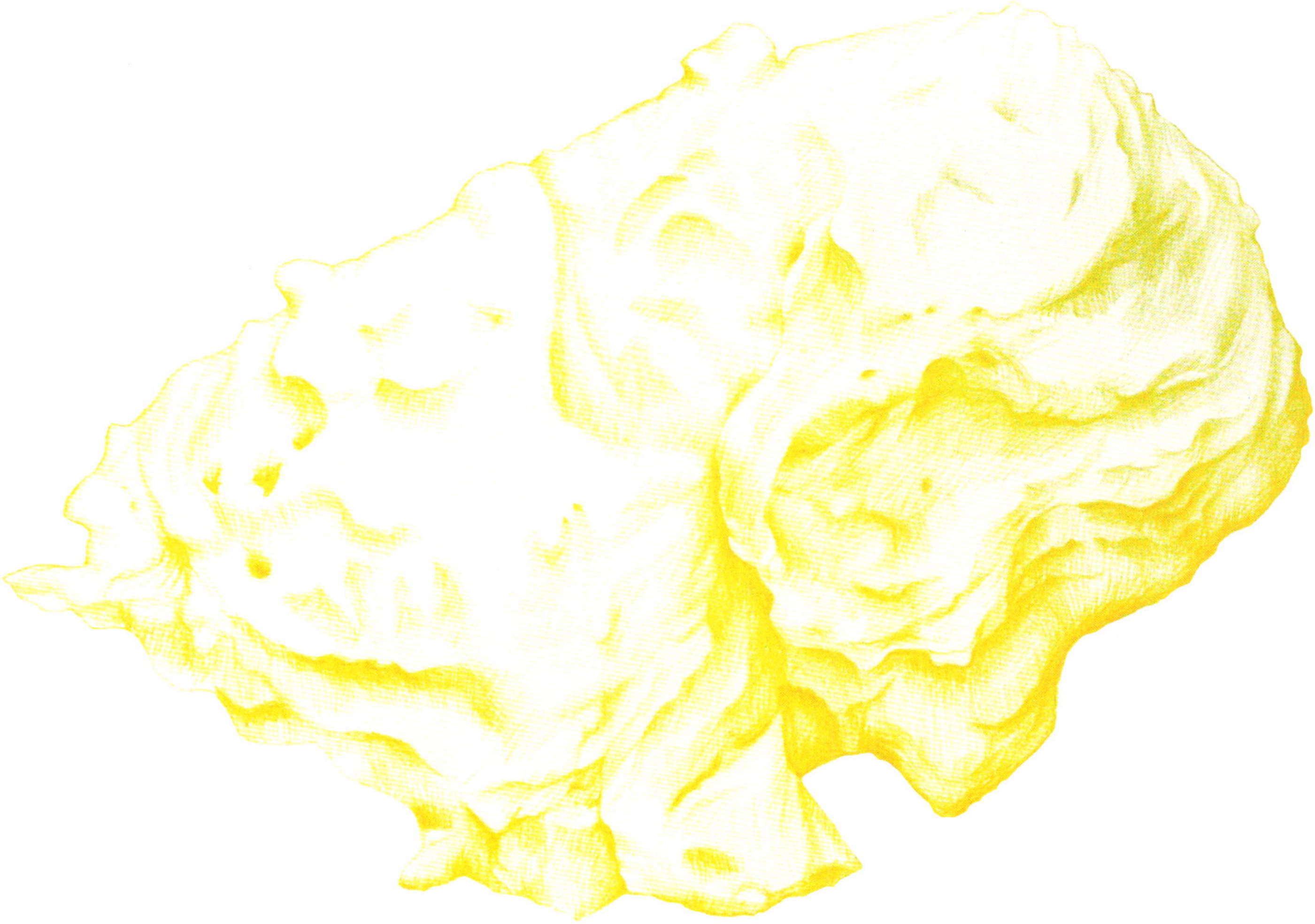

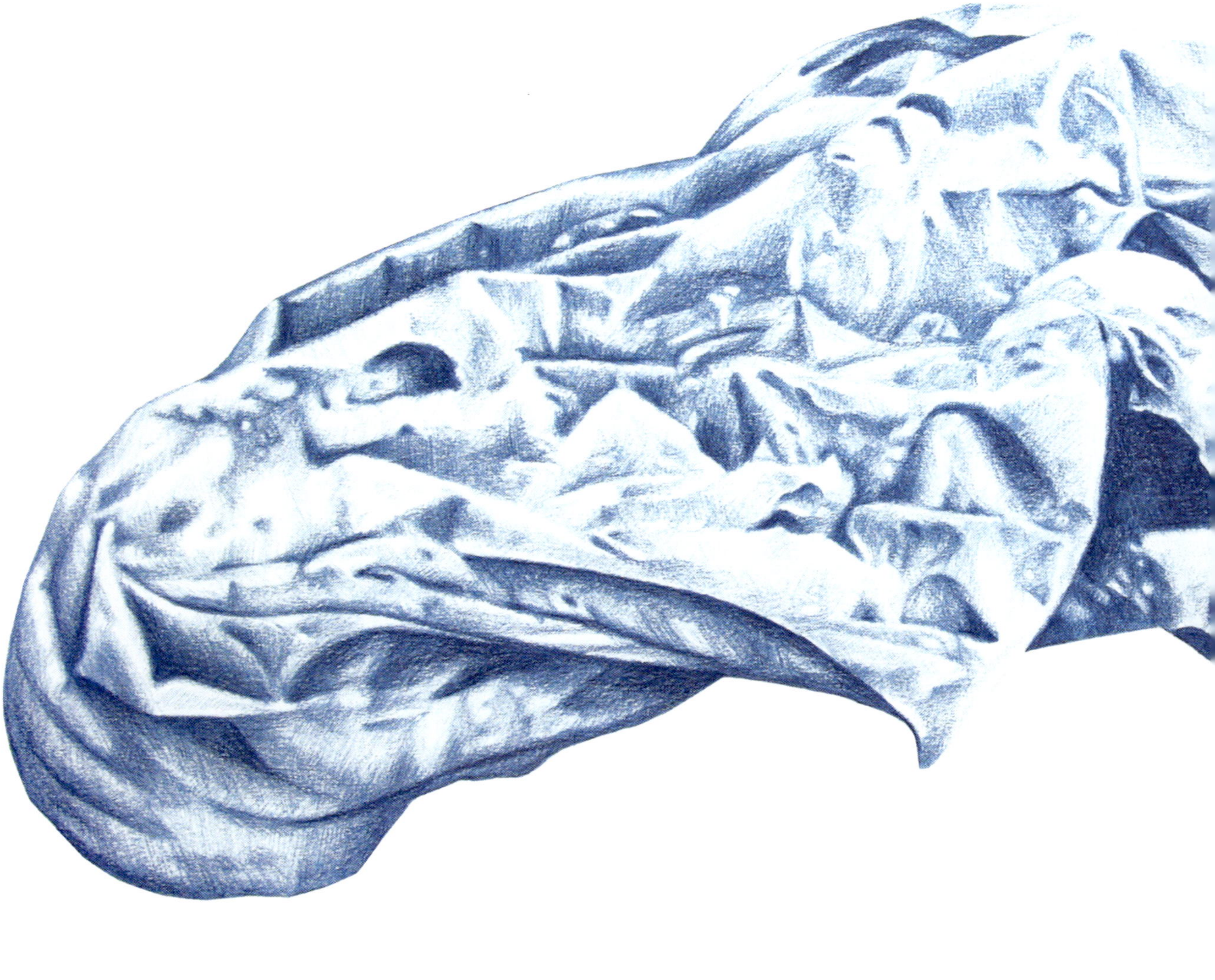

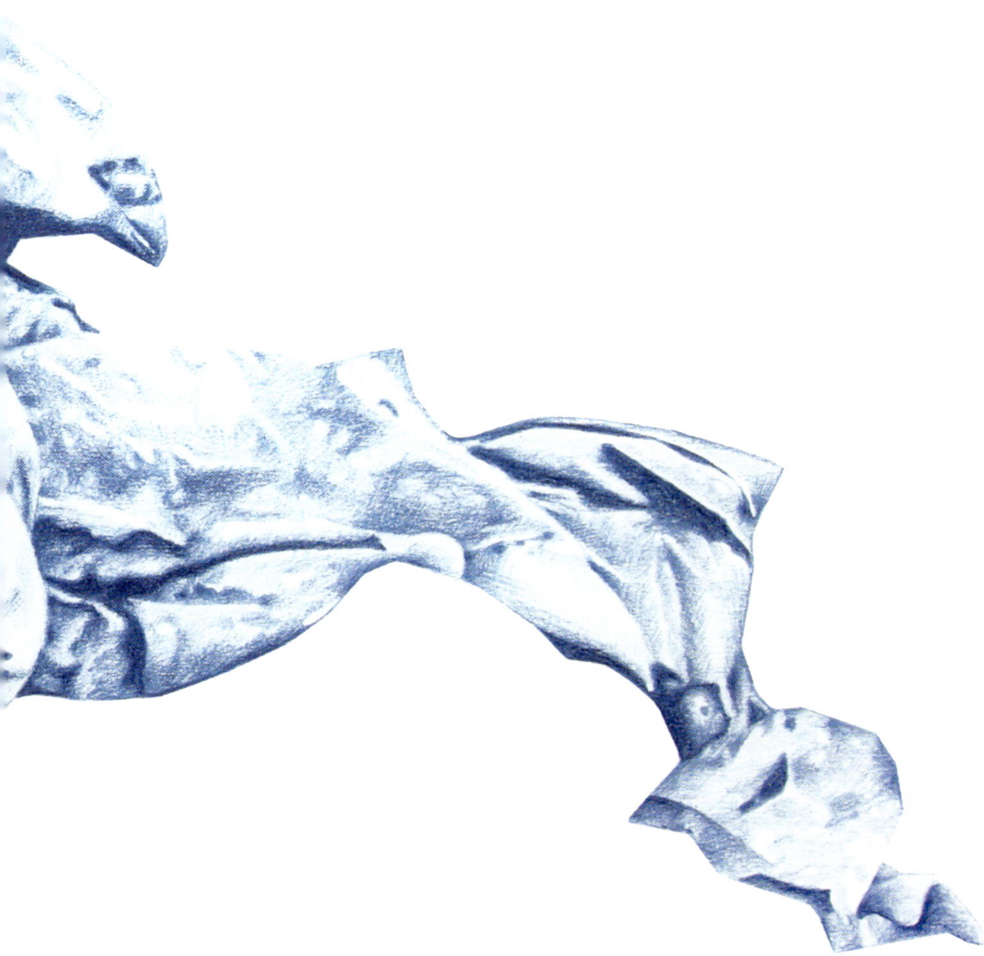

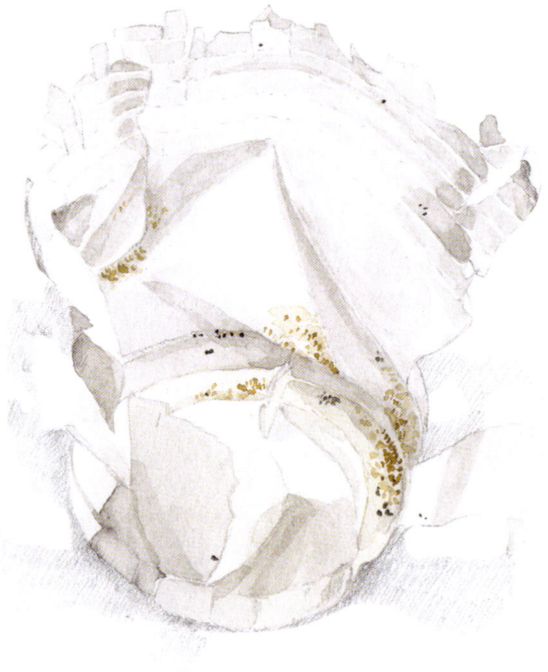

VT-Leisure-Mirroristen

[digital photo compositions (variable size), 2007–2010]
Austria, Germany, Netherlands, Belgium

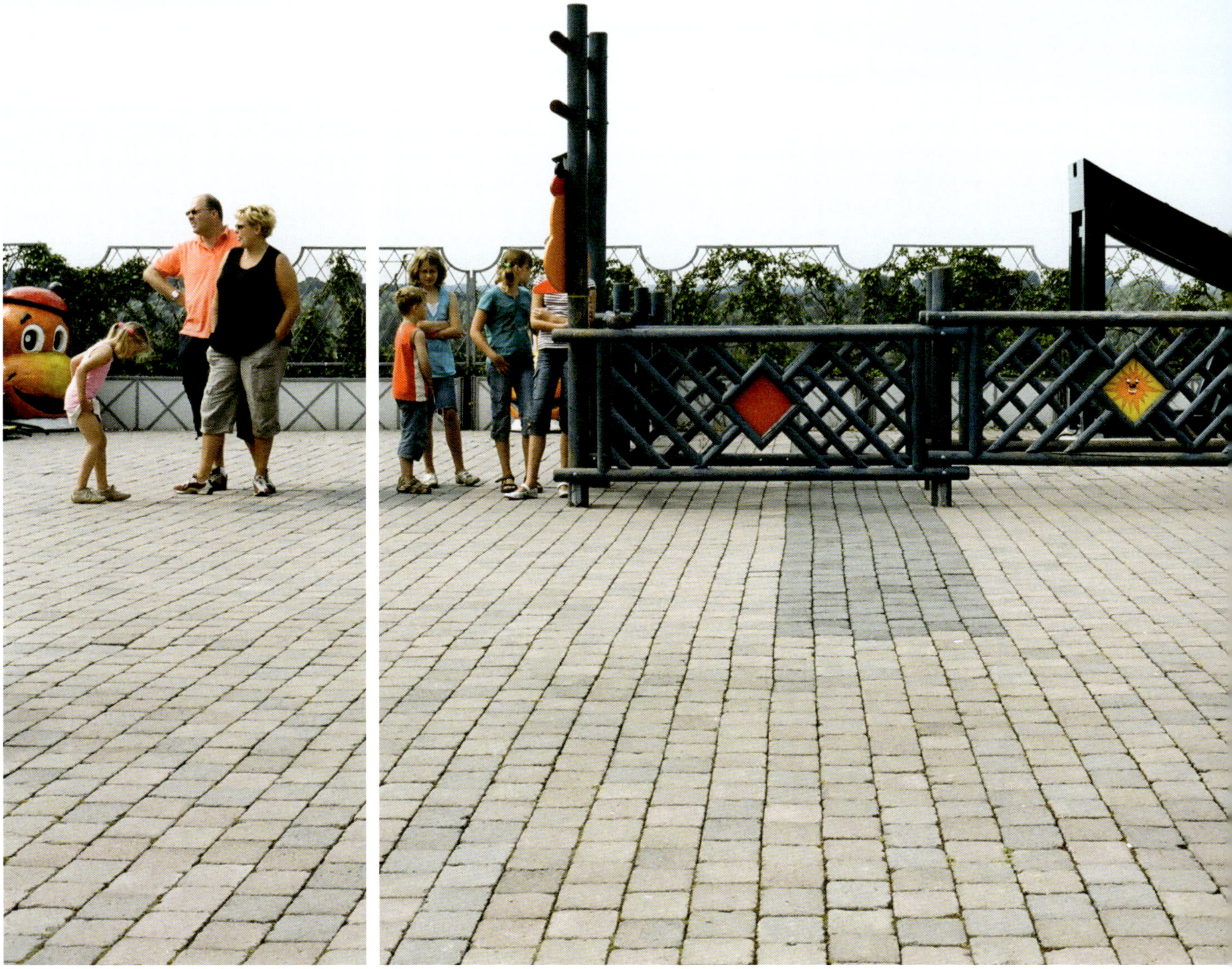

Einen Monat lang bin ich in eine Welt der in Häppchen verpackten Illusionen eingetaucht – auf einer Vergnügungstour durch Erlebnisparks in Österreich, Deutschland, den Niederlanden und Belgien. Der Fake-Architektur auf der Spur. Die Freizeitarchitektur hat mich dabei mehr interessiert als die jeweilige „Core Attraction" des Erlebnisparks. Ich nenne sie „Leisure-Mirroristen": symmetrische Vergnügungsskulpturen, Freizeitmutanten – funktionslos, dafür aber erhaben und barock.

For one month I immersed myself in a world of illusions, embarking on a tour of amusement parks in Austria, Germany, the Netherlands and Belgium. On the trail of fake architecture. I was more interested in the leisure architecture than in the respective "core attraction" of the amusement park. I call them "leisure mirrorists": symmetrical amusement sculptures, leisure mutants – functionless, but sublime and baroque.

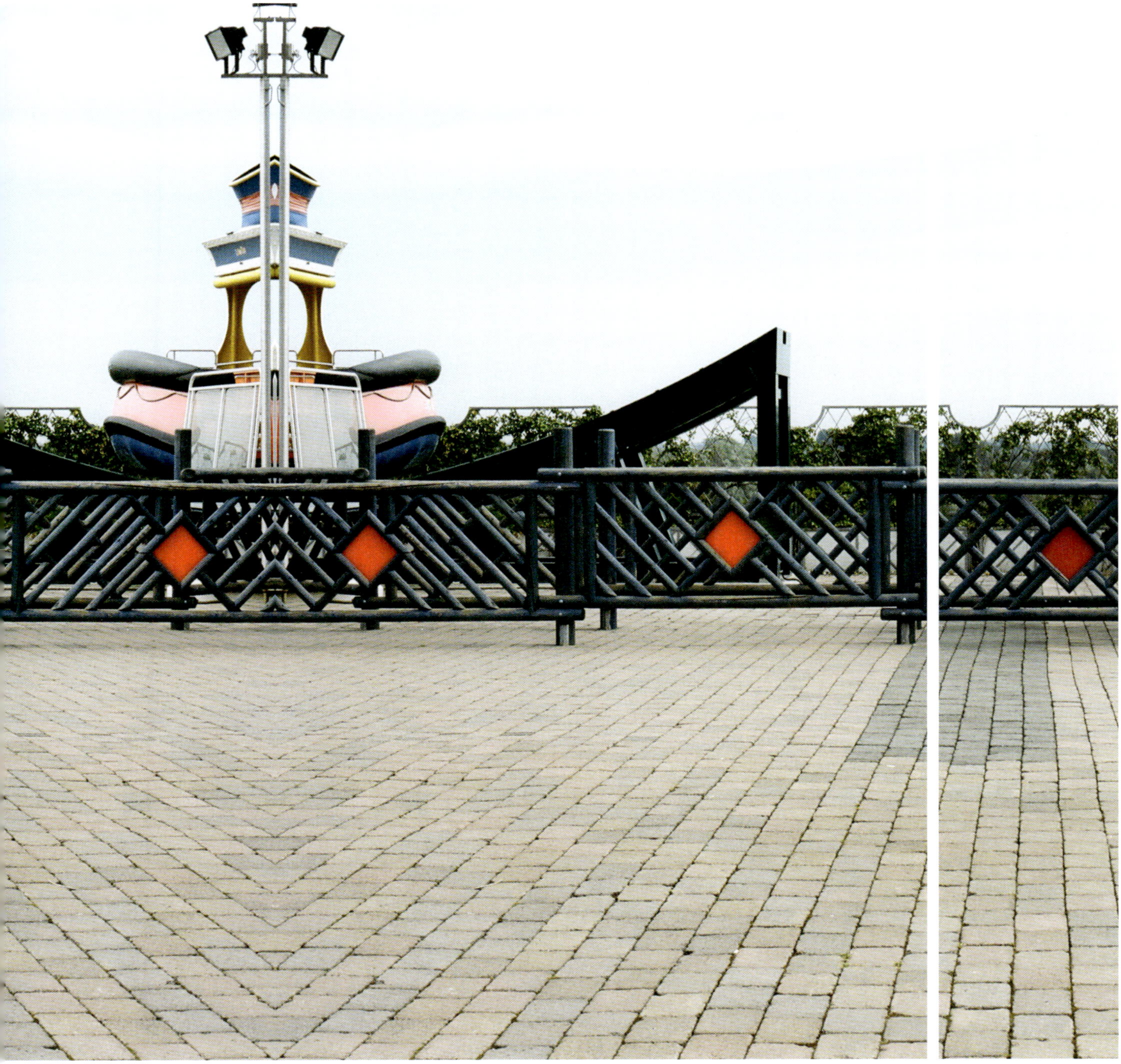

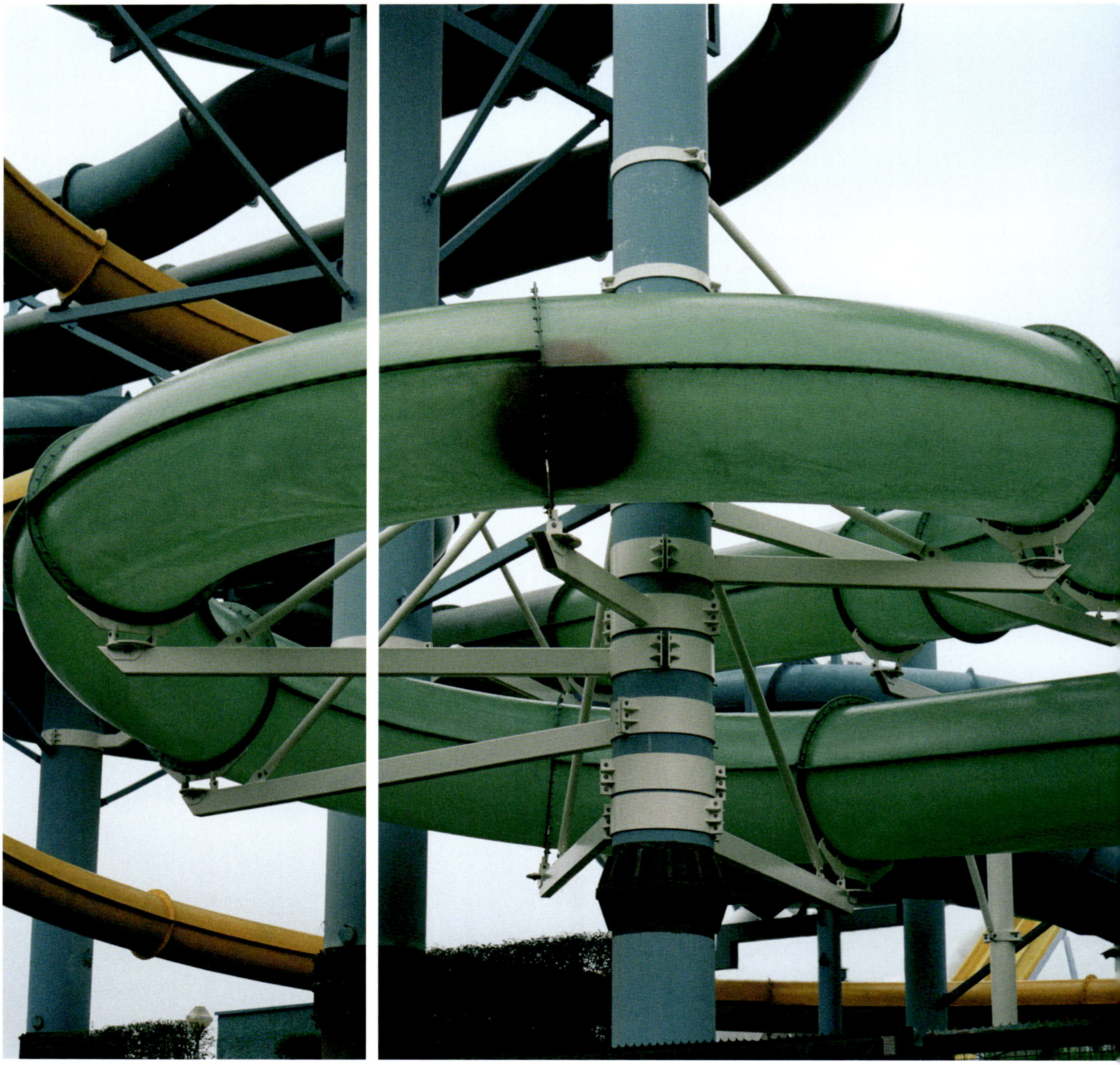

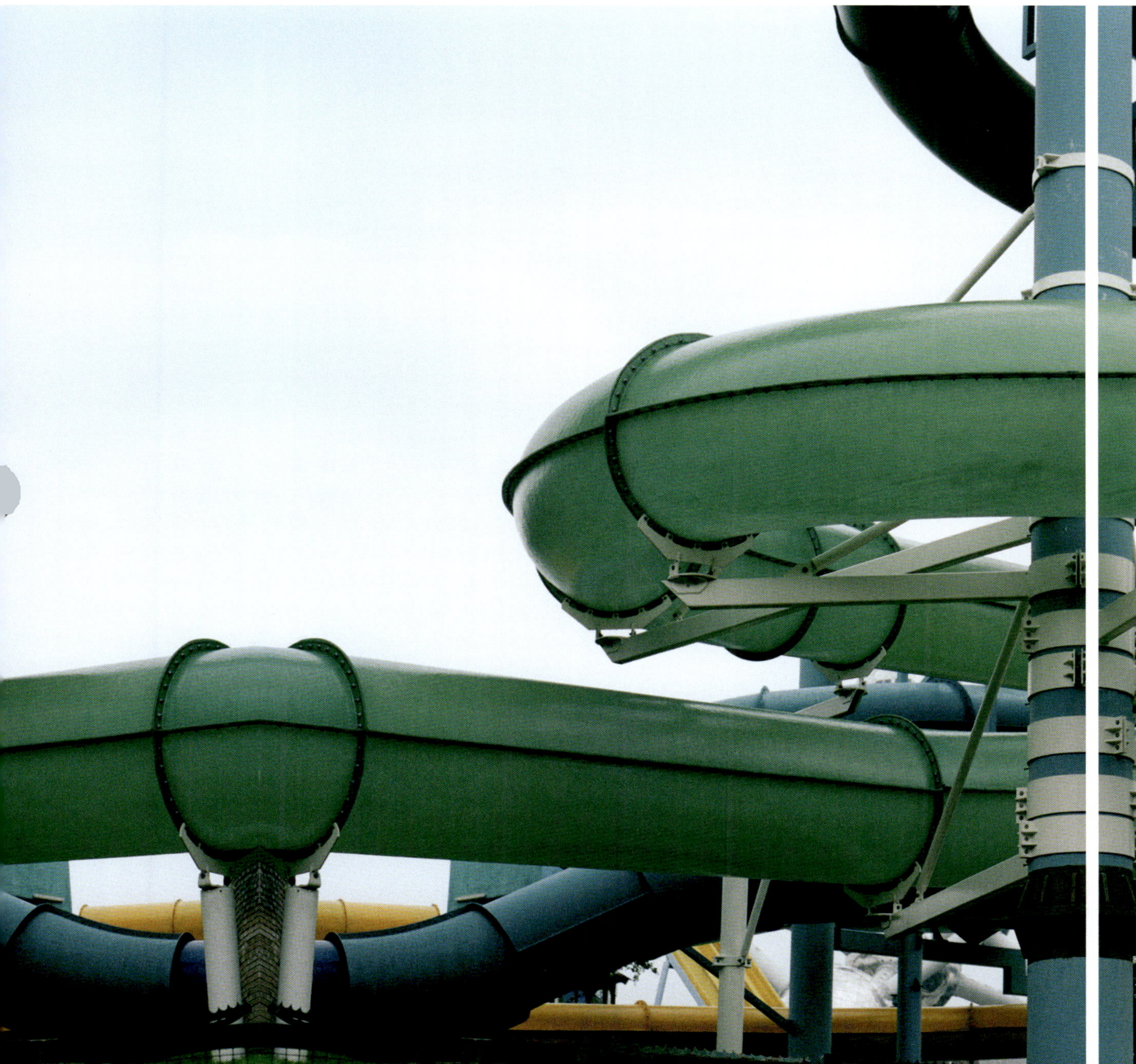

Tropical Islands

[medium-sized and digital photographs (variable sizes), 2007]

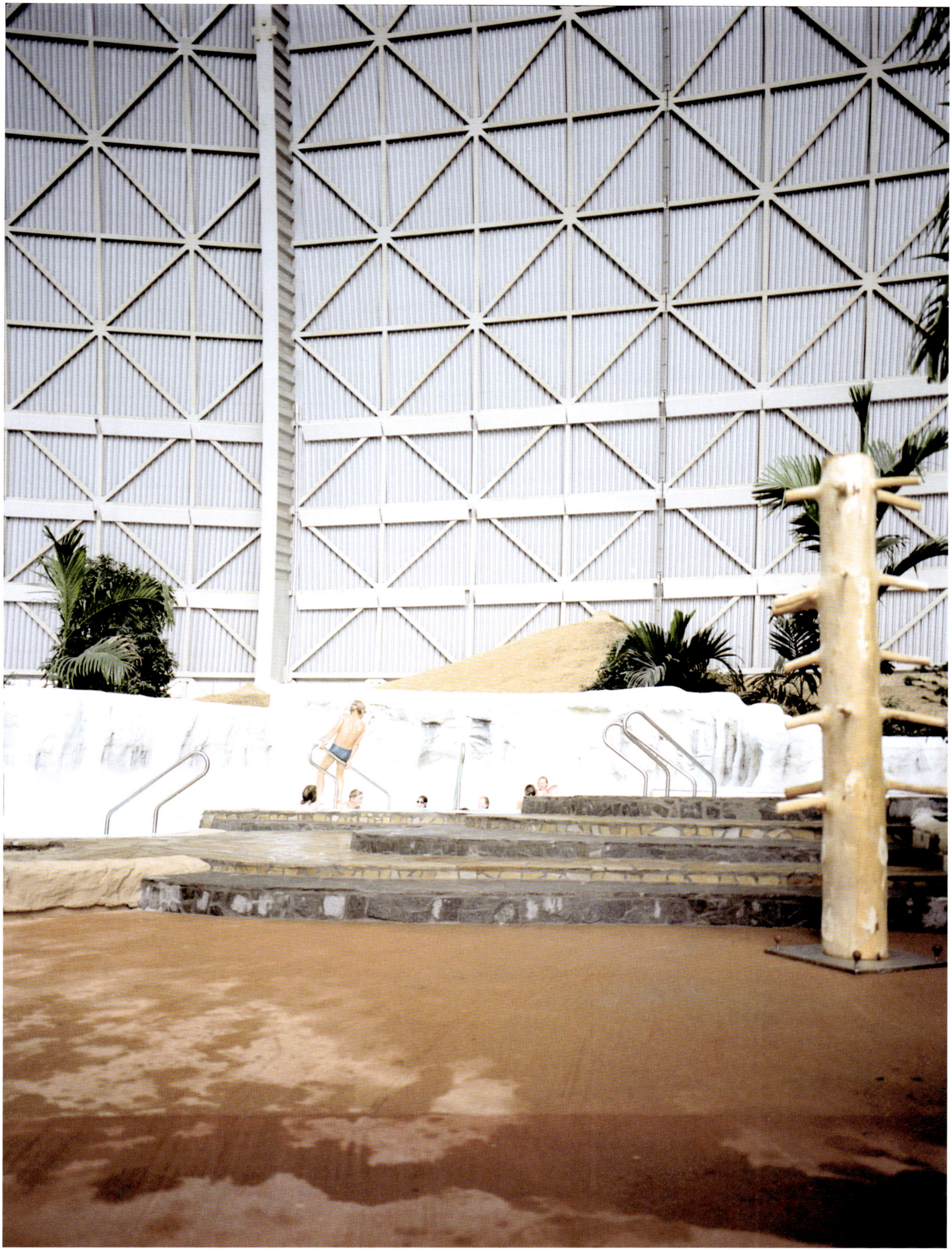

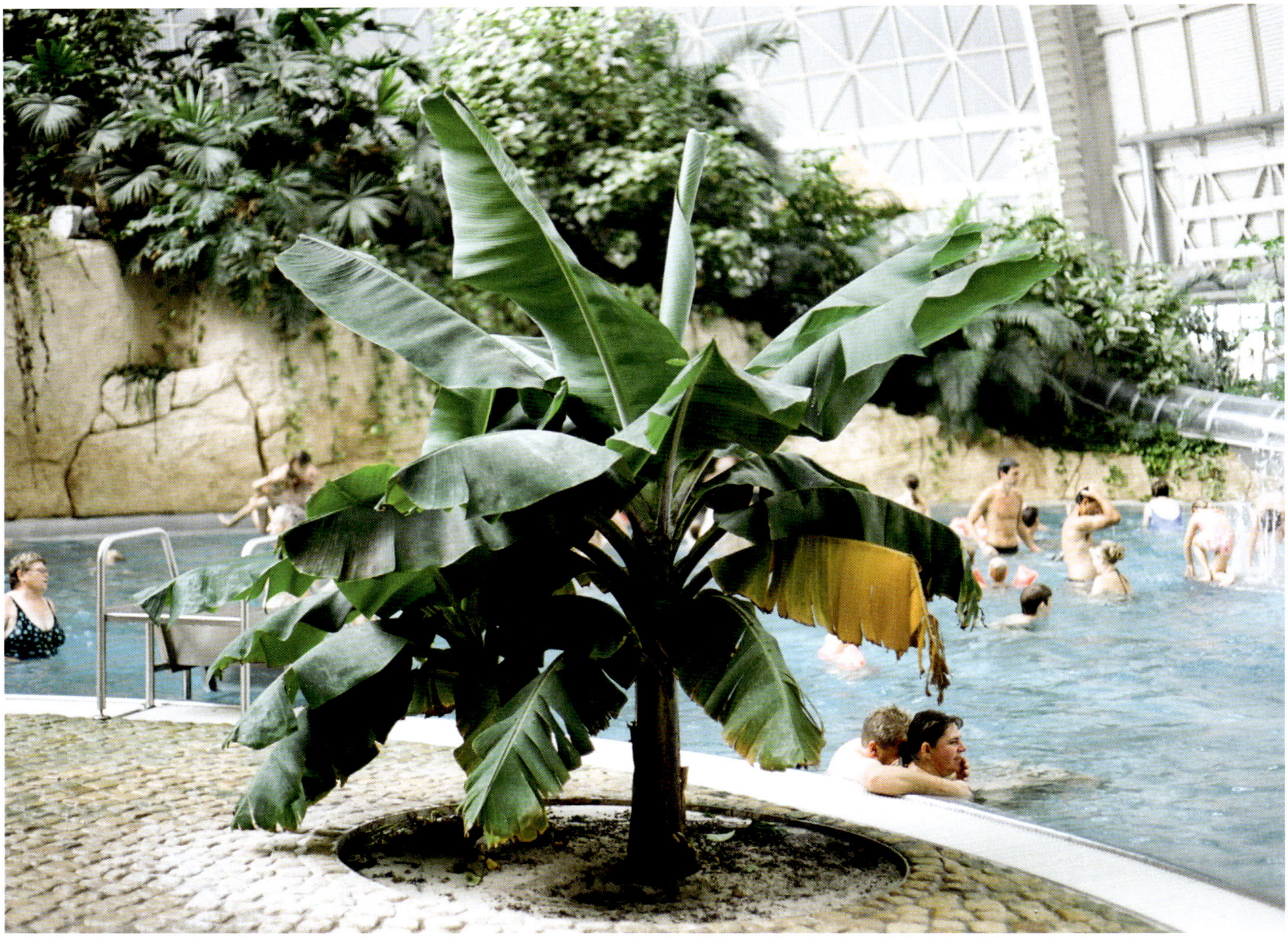

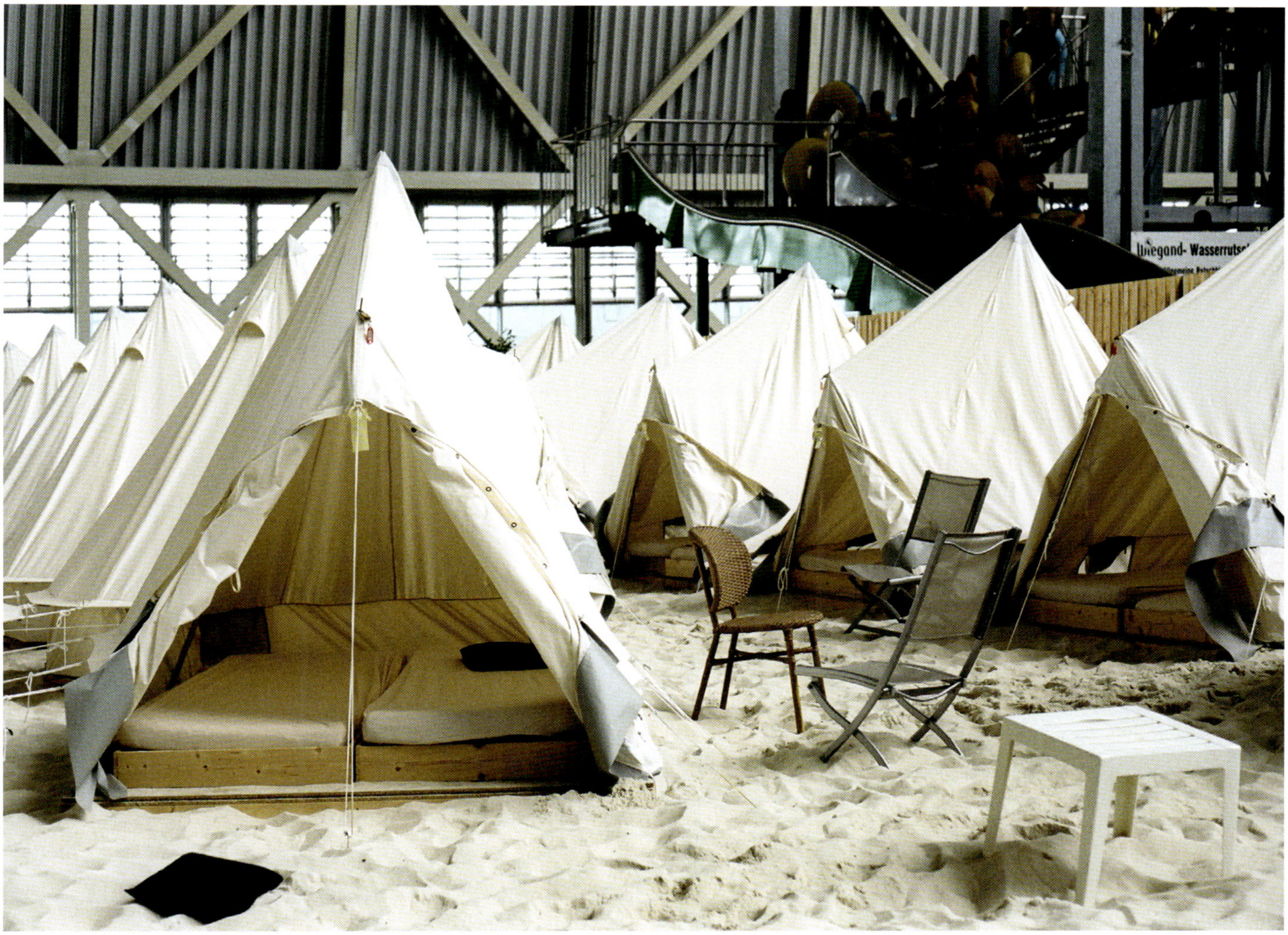

„Der wahre Reisende hat keinen festgelegten Weg, noch will er ans Ziel.“ Laotse

„Beim Reisen ist das Hässliche, das Unangenehme, das Scheitern zugleich das Faszinierende, das Bewegende, das Unvergessliche.“ Ilija Trojanow

„Das Reisen lehrt Toleranz.“ Benjamin Disraeli

„Abenteuer ohne Risiko ist Disneyland.“ Douglas Coupland

„Reisen ist die Sehnsucht nach dem Leben.“ Kurt Tucholsky

„Überall, wo Fremde selten sind, werden sie gut aufgenommen.“ Jean-Jacques Rousseau

„Nichts läßt die Erde mit größerer Sicherheit zur Hölle werden als der Versuch des Menschen, sie zu seinem Himmel zu machen.“ Friedrich Hölderlin

„Erst die Fremde lehrt uns, was wir an der Heimat besitzen.“ Theodor Fontane

„Reisen bedeutet, Grenzen zu überschreiten, auch die eigenen.“ Wanda Rezat

“A good traveller has no fixed plans and is not intent on arriving.” Lao Tzu

“When travelling, the ugly, the unpleasant, the failure is at the same time the fascinating, the moving, the unforgettable.” Ilija Trojanow

“Travel teaches tolerance.” Benjamin Disraeli

“Adventure without risk is Disneyland.” Douglas Coupland

“Wherever strangers are rare, they are welcome.” Jean-Jacques Rousseau

“What has always made the state a hell on earth has been precisely that man has tried to make it heaven.” Friedrich Hölderlin

“Travel is the desire for life.” Kurt Tucholsky

“Only the stranger teaches us what we have at home.” Theodor Fontane

“Travel means crossing borders, even your own.” Wanda Rezat

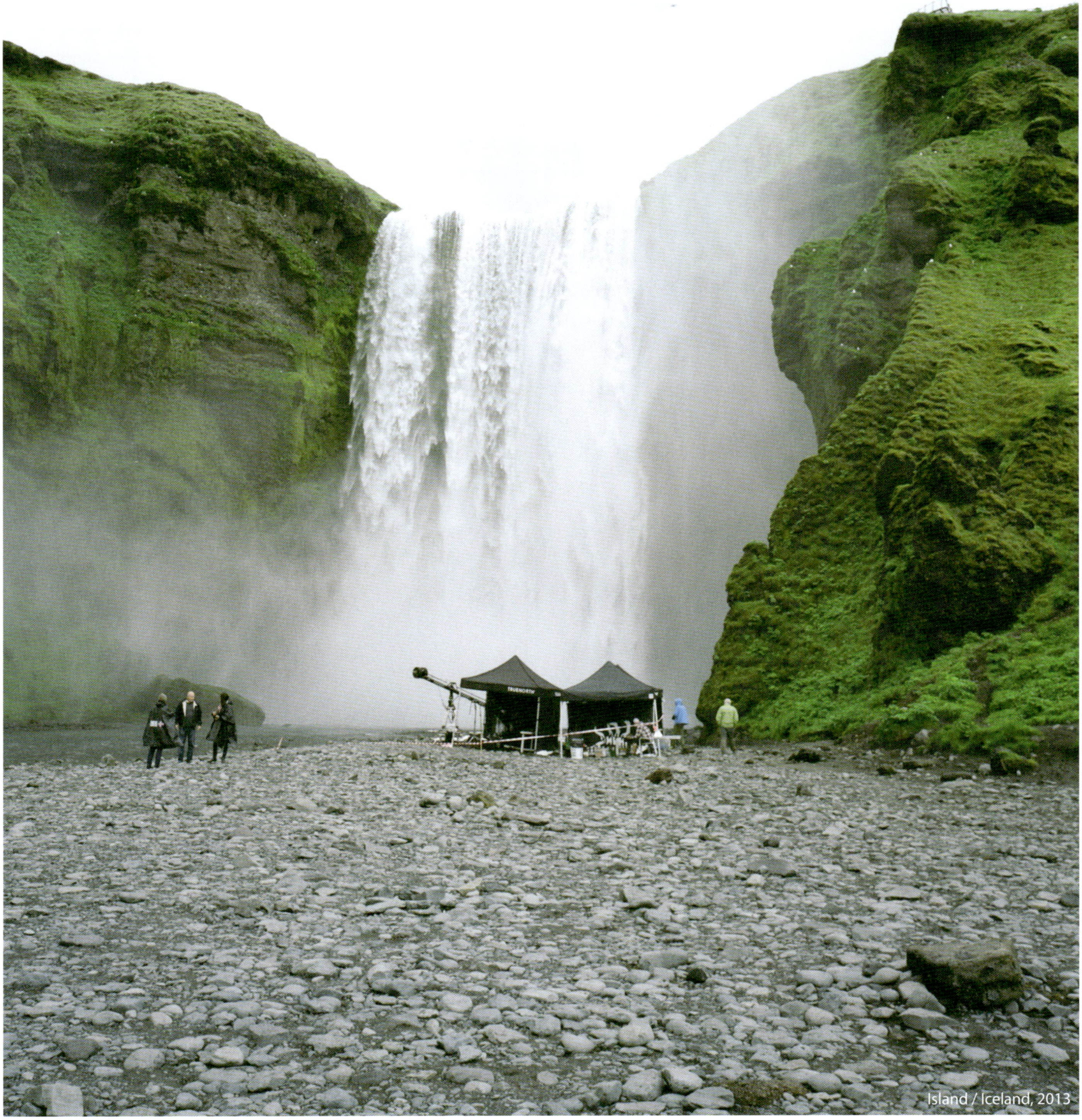

Island / Iceland, 2013

Luxury Tourism. Incognito

[2 plaster sculptures in gold (30 x 5 cm), medium-sized photographs and slides (framed in different sizes), rotating wooden sculpture, 2010–2011]

Jedes Land hat einen eigenen Stil, Habitus und Verhaltenskodex, auch in der Winterfreizeit. Durch den Osttourismus hat sich der heimische Wintersport stark gewandelt. Es gibt bereits Russisch sprechende Skilehrer, und manche Orte, wie Kitzbühel, fühl(t)en sich von den Osteuropäer*innen „überrumpelt" und diskutierten 2006 die Einführung einer sogenannten „Russenquote" von maximal zehn Prozent zum Schutz der „nationalen Vielfalt".

Welcher Aufwand bzw. welche architektonischen Maßnahmen werden auf den Pisten betrieben für die immer anspruchsvoller werdenden, oft verwöhnten Skitourist*innen? Wie sieht der „gebaute Luxus" aus? Zur orthodoxen Weihnacht, der Hauptreisezeit der Russ*innen, wurden einige Hotels in Kitzbühel unter die Lupe genommen, einschließlich des Skigebiets mit der berühmten „Streif", und der Ortsteil Aurach mit seinen Luxusvillen.

Each country has its own style, habitus and code of conduct, even when it comes to winter leisure pursuits. Austrian winter sport has changed considerably due to the number of Eastern European tourists visiting domestic winter resorts. There are already Russian-speaking skiing instructors, and some resorts, such as Kitzbühel, feeling overwhelmed by their Eastern European guests, even discussed in 2006 the implementation of a so-called Russian quota of a maximum of ten per cent in order to protect "national diversity".

What efforts are being made, or rather, what kind of architectural measures are being taken on the slopes for the increasingly demanding and often spoilt ski tourists? What does "fabricated luxury" look like? During Orthodox Christmas, the main travel season of the Russians, certain hotels in Kitzbühel came under particular scrutiny, including the ski area with the famous "Streif" and the district of Aurach with its luxury villas.

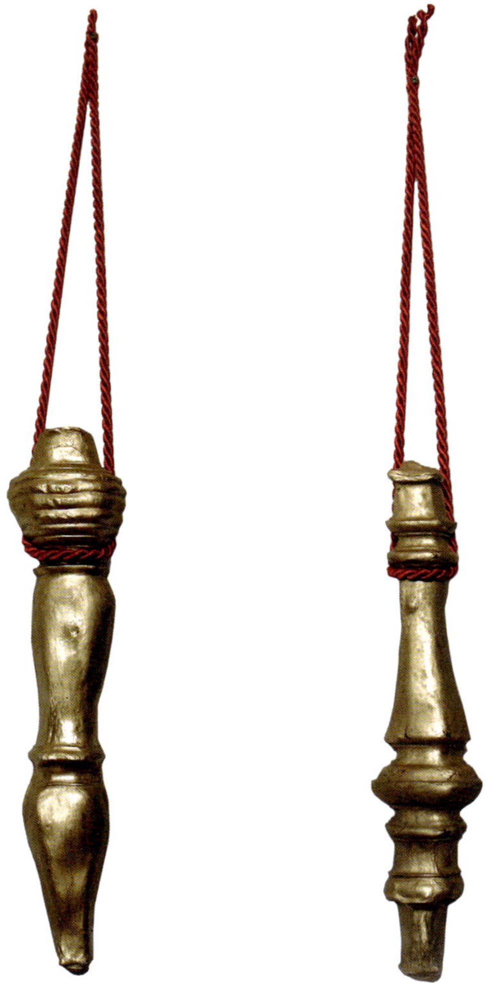

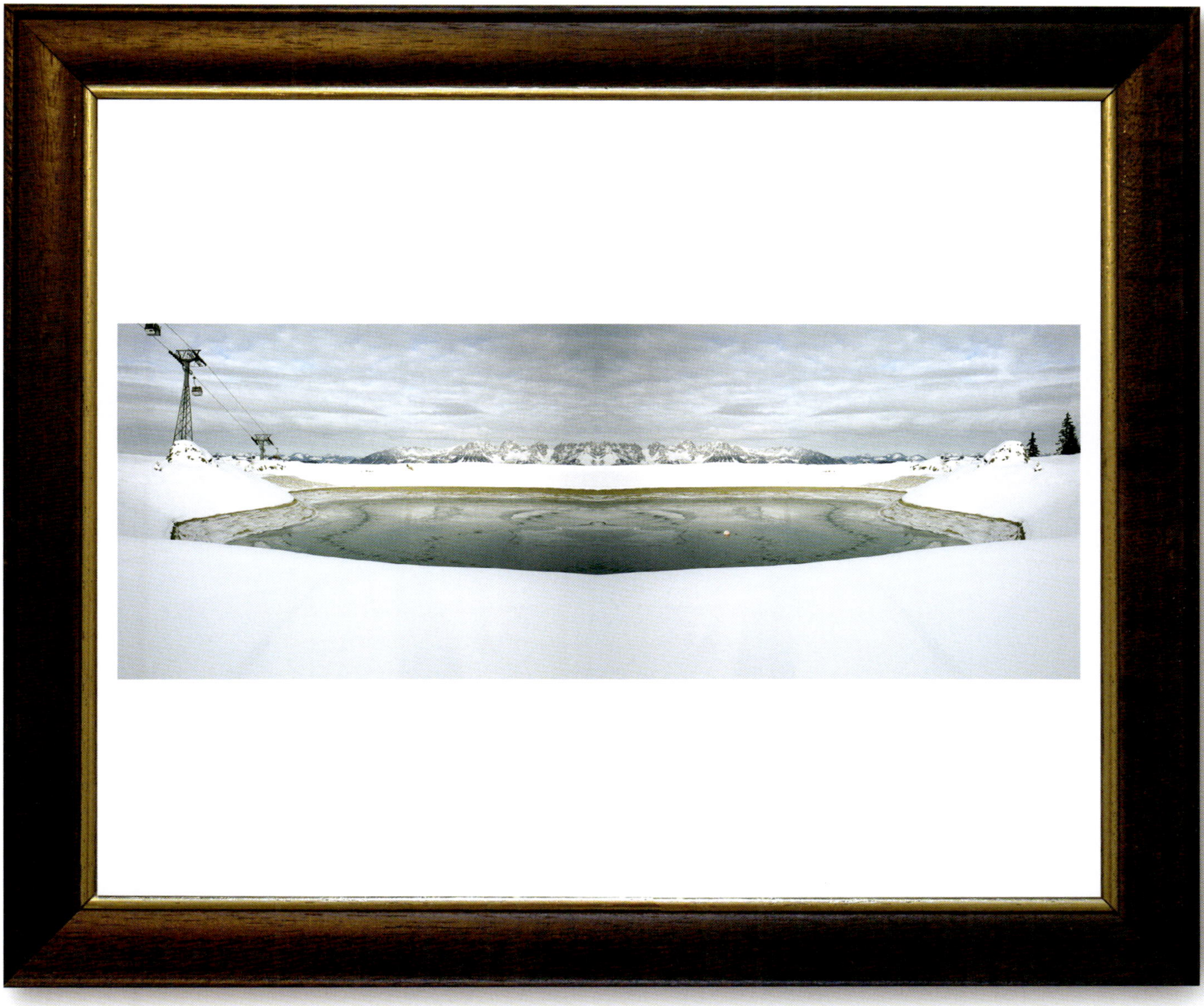

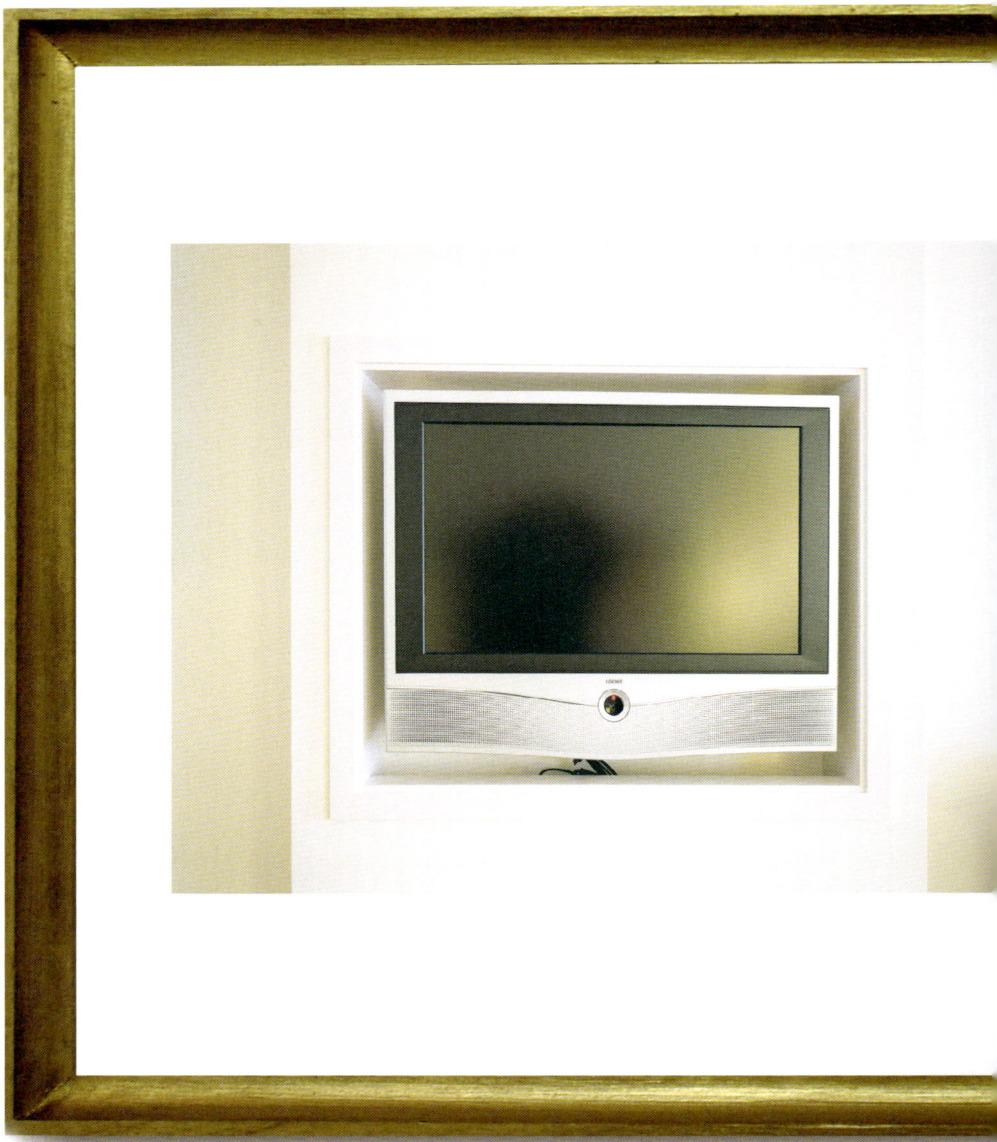

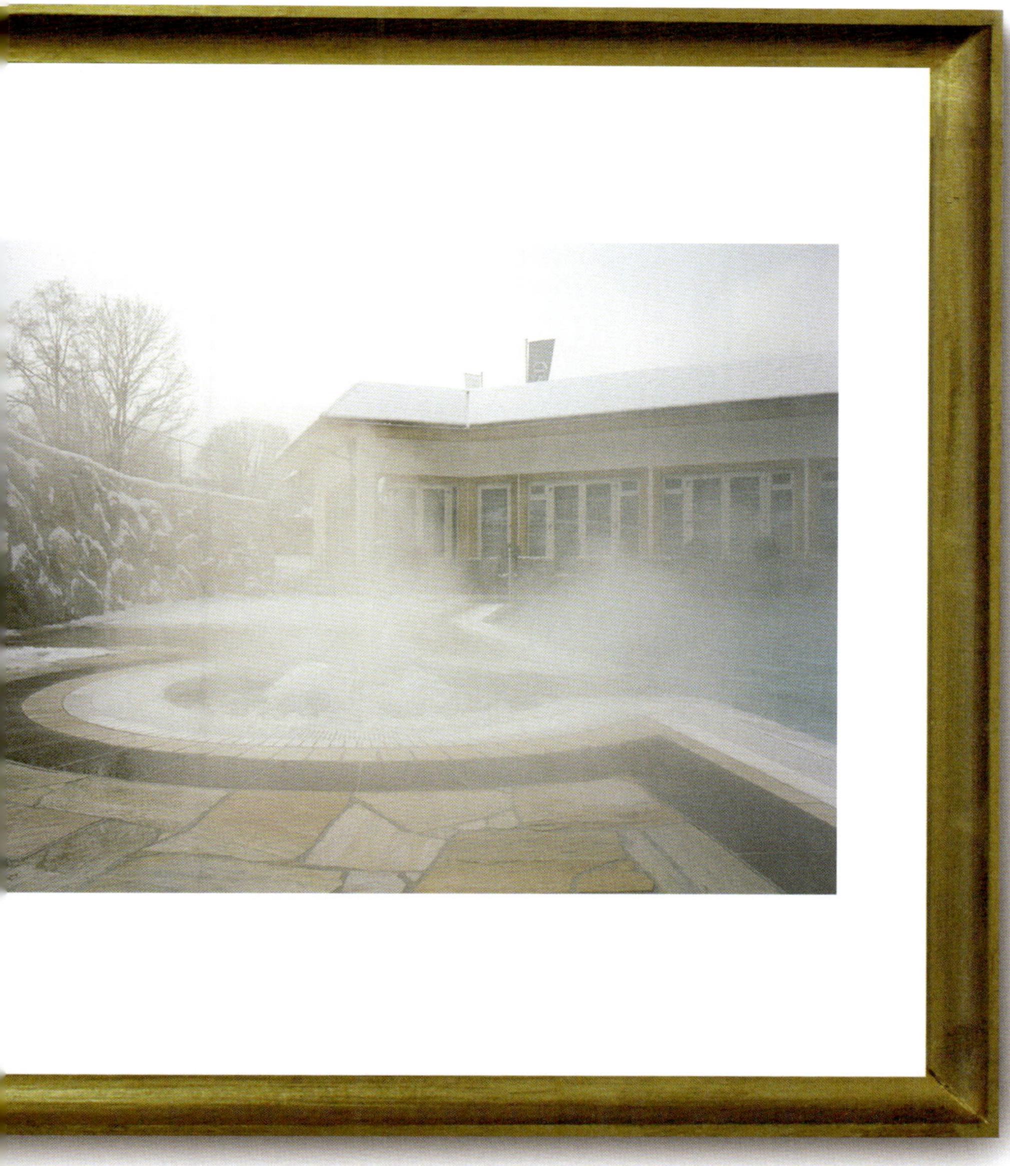

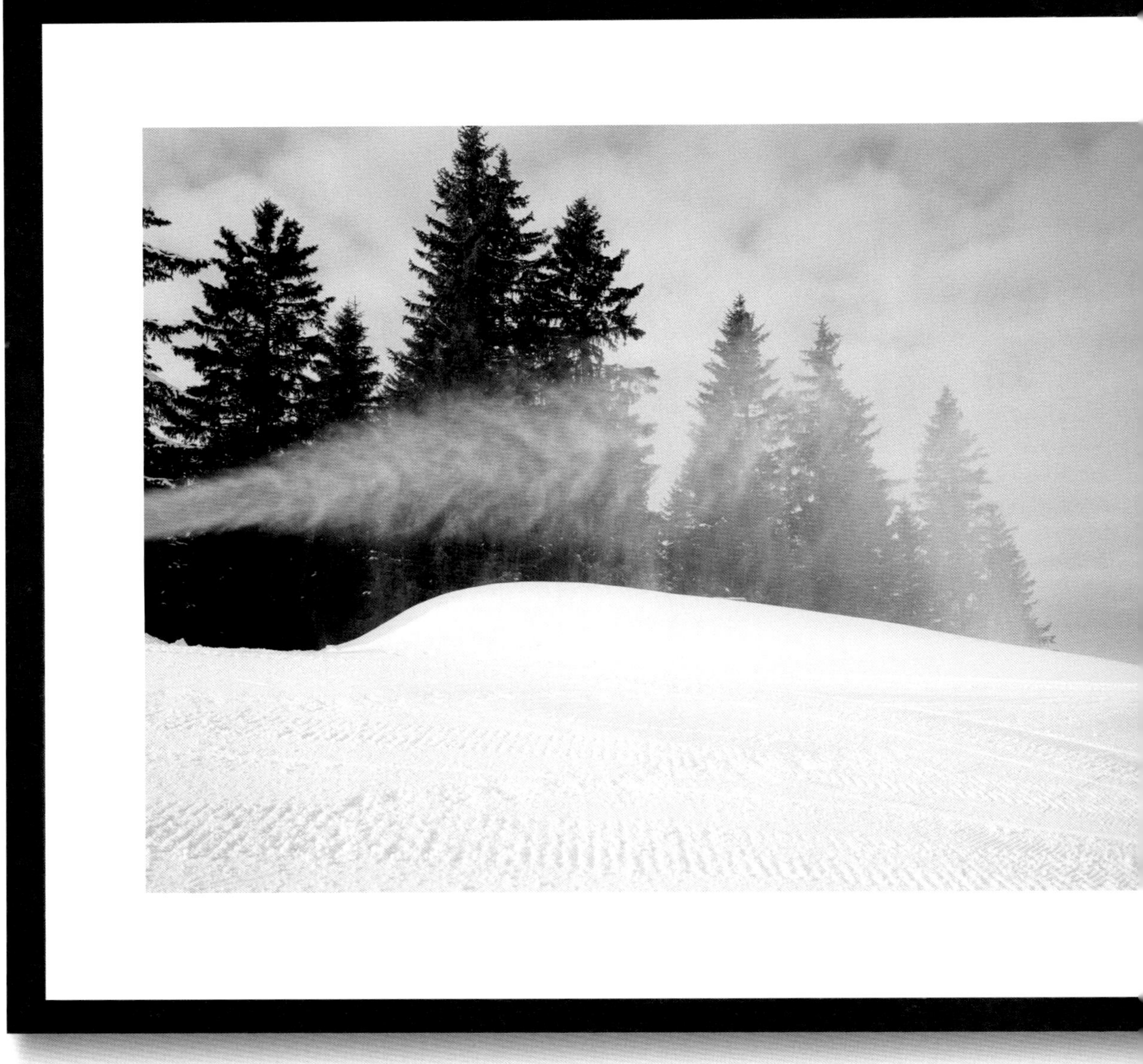

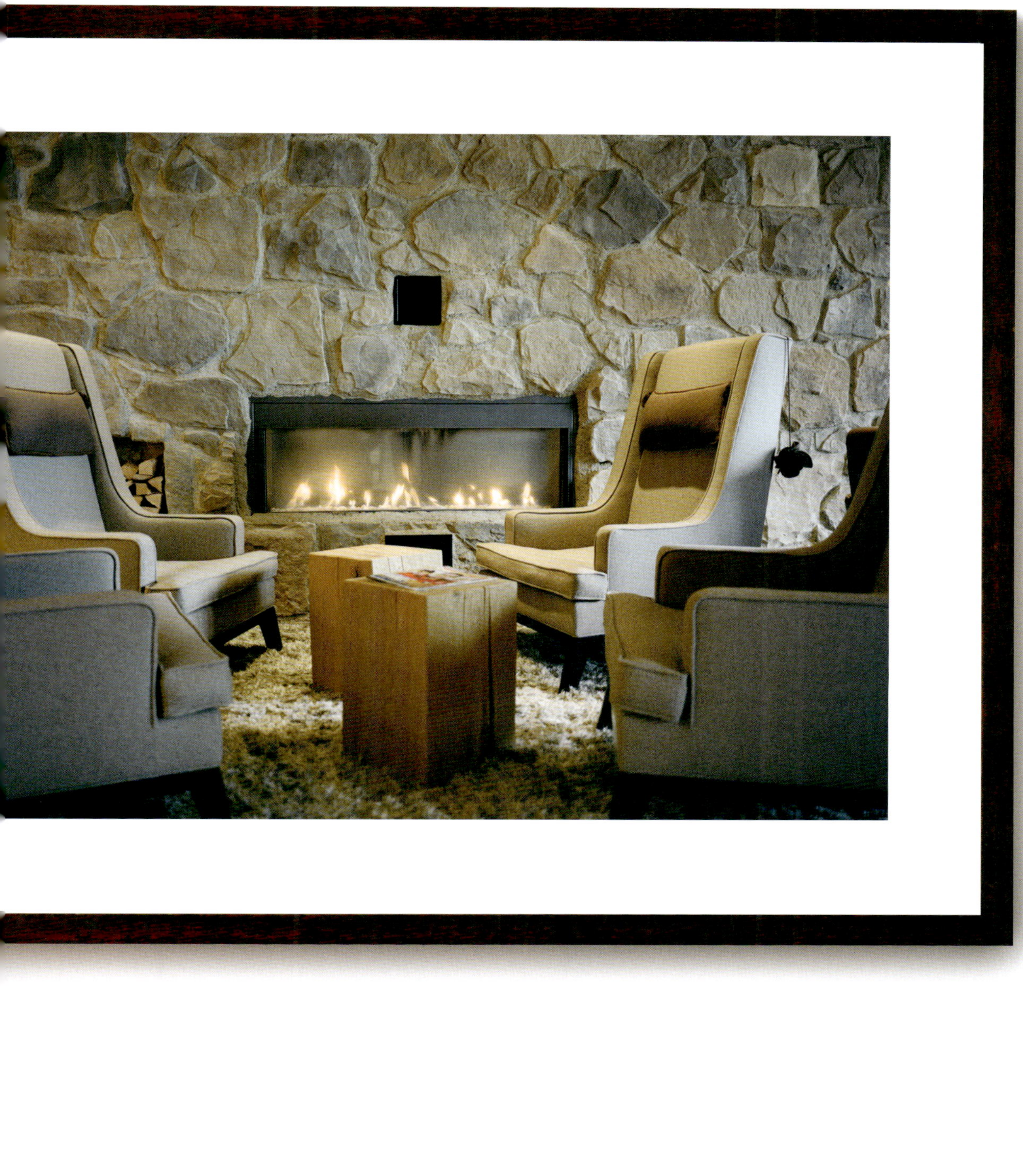

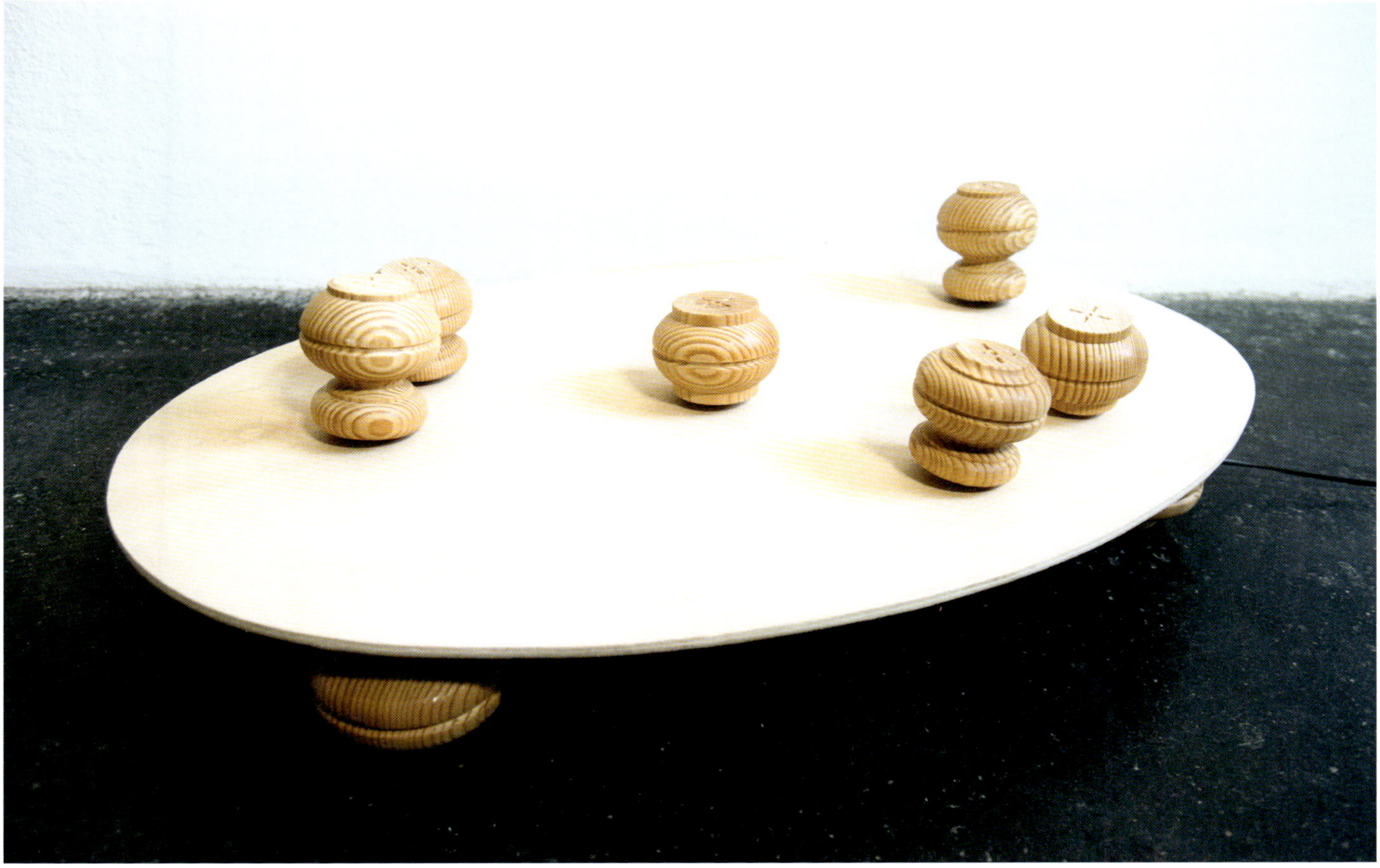

Russ-ski luxury & guest workers – incognito

[medium-sized and digital photographs (variable sizes), 2011]

*Über die Bauten für die Winterolympiade 2014 nahe Sotschi wissen wir als durchschnittliche Medienkonsument*innen relativ wenig. Wir haben vielleicht den Vergabeprozess mitbekommen und all die repräsentativen Gesten und Auftritte, die in diesem Zusammenhang gezeigt wurden. Wir bekommen als Sportkonsument*innen die Vorberichterstattungen und Vorbereitungen des Internationalen Olympischen Komitees und der globalen Sportindustrie mit. Neben all diesen Aufladungen können wir aber auch bei ausführlicher Recherche kaum etwas finden von dem, was dort momentan gerade passiert. (...)*

Catherine Ludwig ist über die Frage, was es mit dem Phänomen des sogenannten „Russentourismus" in Tirol auf sich hat, auf die Idee gekommen, den Spieß umzudrehen und als Skitouristin „verkleidet" nach Sotschi zu fahren. (...)

*Die Fotografien sind geprägt von scheinbarer Bedeutungslosigkeit, die den Betrachter verloren und ohne Anhaltspunkt zurücklässt. Zurückwirft auf ein Selbst, das in der Betrachtung nicht weiß, wo es hin soll. Damit lässt sich das nachvollziehen, was für die Fotografin das dominante Gefühl in der Baustellenlandschaft der Skigebiete nahe Sotschi war. Sie fühlte sich fehl am Platz, allerdings nicht angesichts der mächtigen Berglandschaft, die leicht ein Gefühl der Verlorenheit hervorrufen kann, sondern angesichts dessen, dass sie hier in einem für Tourist*innen ausgerichteten Gebiet nicht das Gefühl hatte, willkommen geheißen zu werden. In Laternen sind 360-Grad-Überwachungskameras versteckt, überall lehnt Wachpersonal herum – während ihres Besuches gab es einen Bombenanschlag auf eine der Seilbahnen im Elbrus-Skigebiet. Auch sonst sendet diese Landschaft wenig einladende Signale. Es sind unterschiedlichste Spuren, die sie in ihren Bildern und Objekten verfolgt, um diesem Gefühl Ausdruck zu verleihen.* Herbert Justnik (Auszug aus dem Ausstellungstext anlässlich der Einzelausstellung *Russ-ski luxury & guest workers – incognito,* anika handelt Galerie, Wien, 2012)

As average media consumers, we know relatively little about the constructions for the Winter Olympics in 2014 near Sochi. We may have witnessed the bidding process and all the representative gestures and appearances shown in this context. As sports consumers, we hear the preliminary reports and see the preparations of the International Olympic Committee and the global sports industry. But apart from these updates, we can hardly find anything about what is happening there at the moment, even with extensive research. (...)

Catherine Ludwig, wondering what the phenomenon of so-called "Russian tourism" in Tyrol was all about, came up with the idea of turning the tables and going to Sochi "disguised" as a ski tourist. (...)

The photographs are characterised by an apparent lack of meaning, which leaves the viewer lost and feeling clueless. It reflects back on a self that is unable to make sense of the image before him. In this way, it is possible to comprehend what the photographer's dominant feeling was in the construction site landscape of the ski resorts near Sochi. She felt out of place, not in view of the mighty mountain landscape, which can easily evoke a feeling of being lost, but in view of the fact that here, in an area geared towards tourists, she did not feel welcome. 360-degree surveillance cameras are hidden in lanterns, security guards are hanging around everywhere – during her visit there was a bomb attack on one of the cable cars in the Elbrus ski area – and this landscape also sends out uninviting signals in other respects. She uses diverse methods in her pictures and installations to give expression to this feeling. Herbert Justnik (extract of the exhibition text for the solo exhibition *Russ-ski luxury & guest workers – incognito,* anika handelt Gallery, Vienna, 2012)

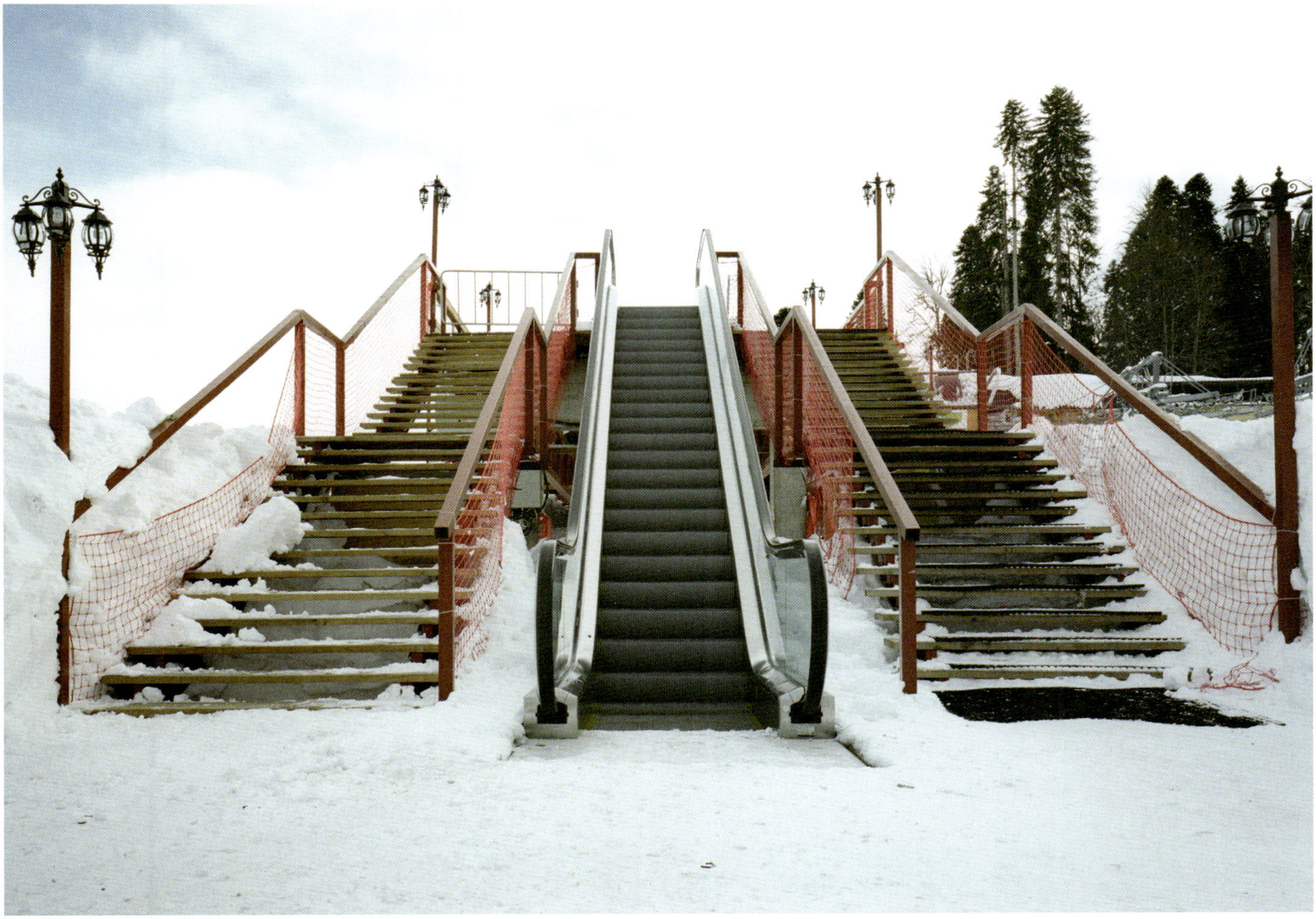

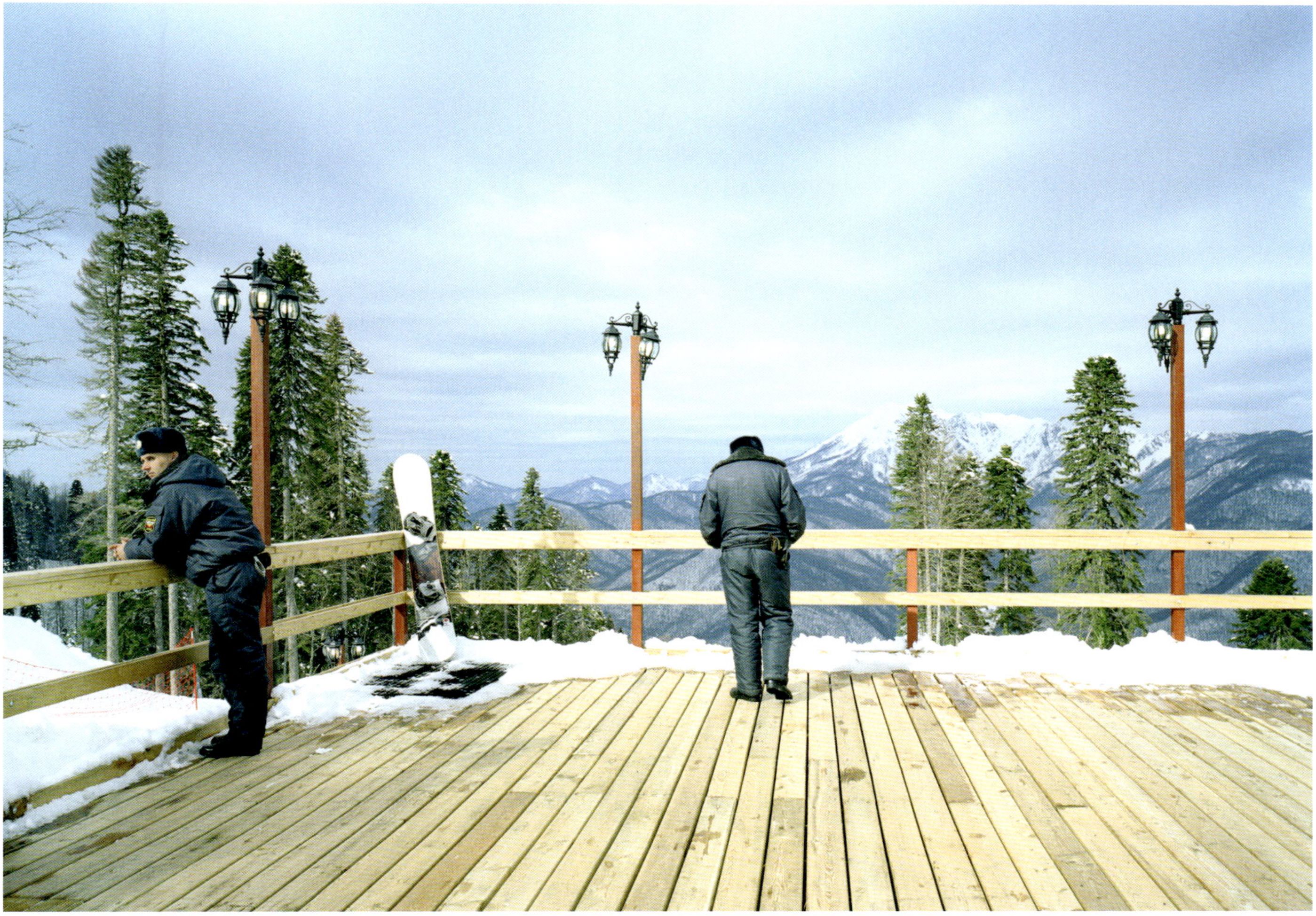

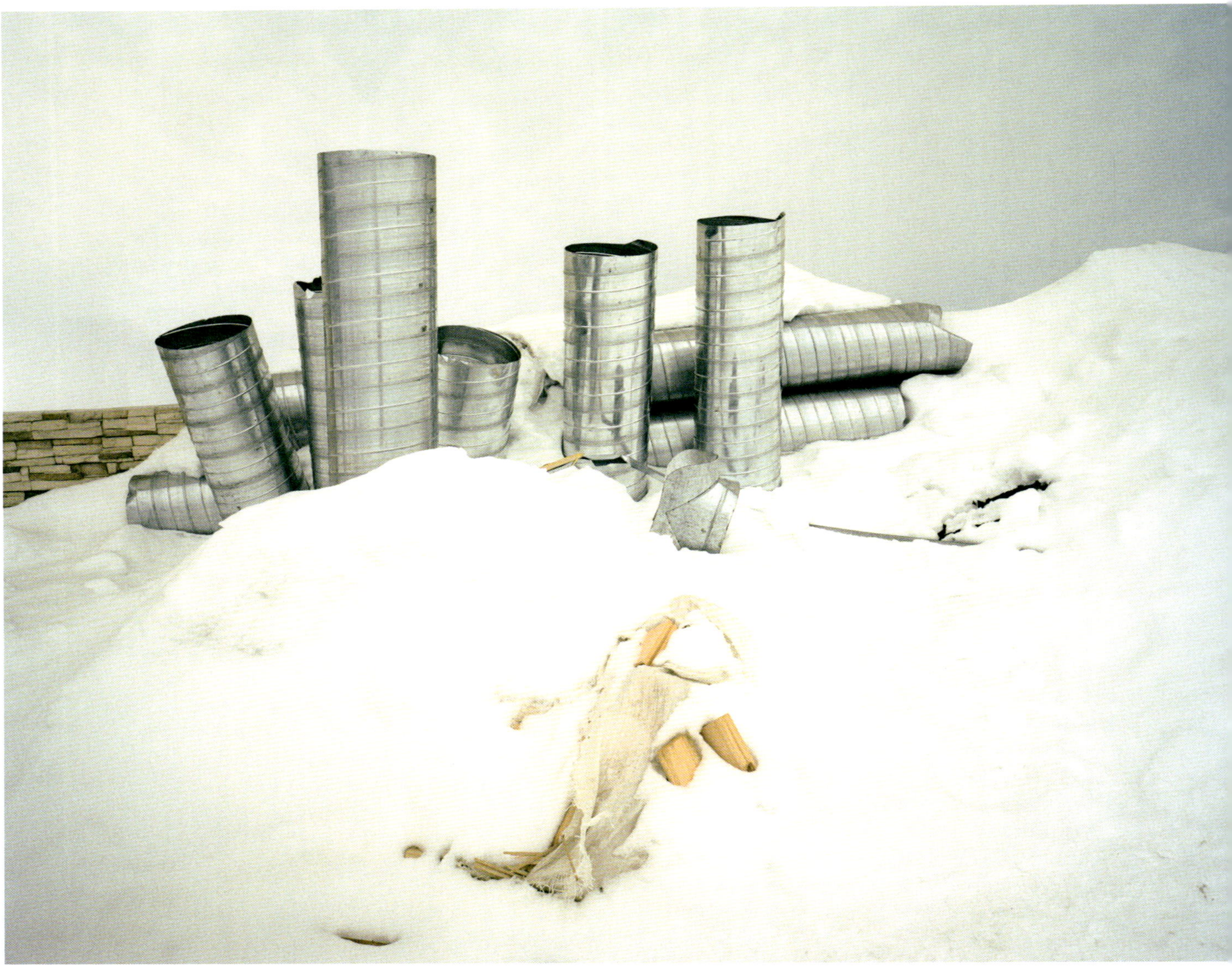

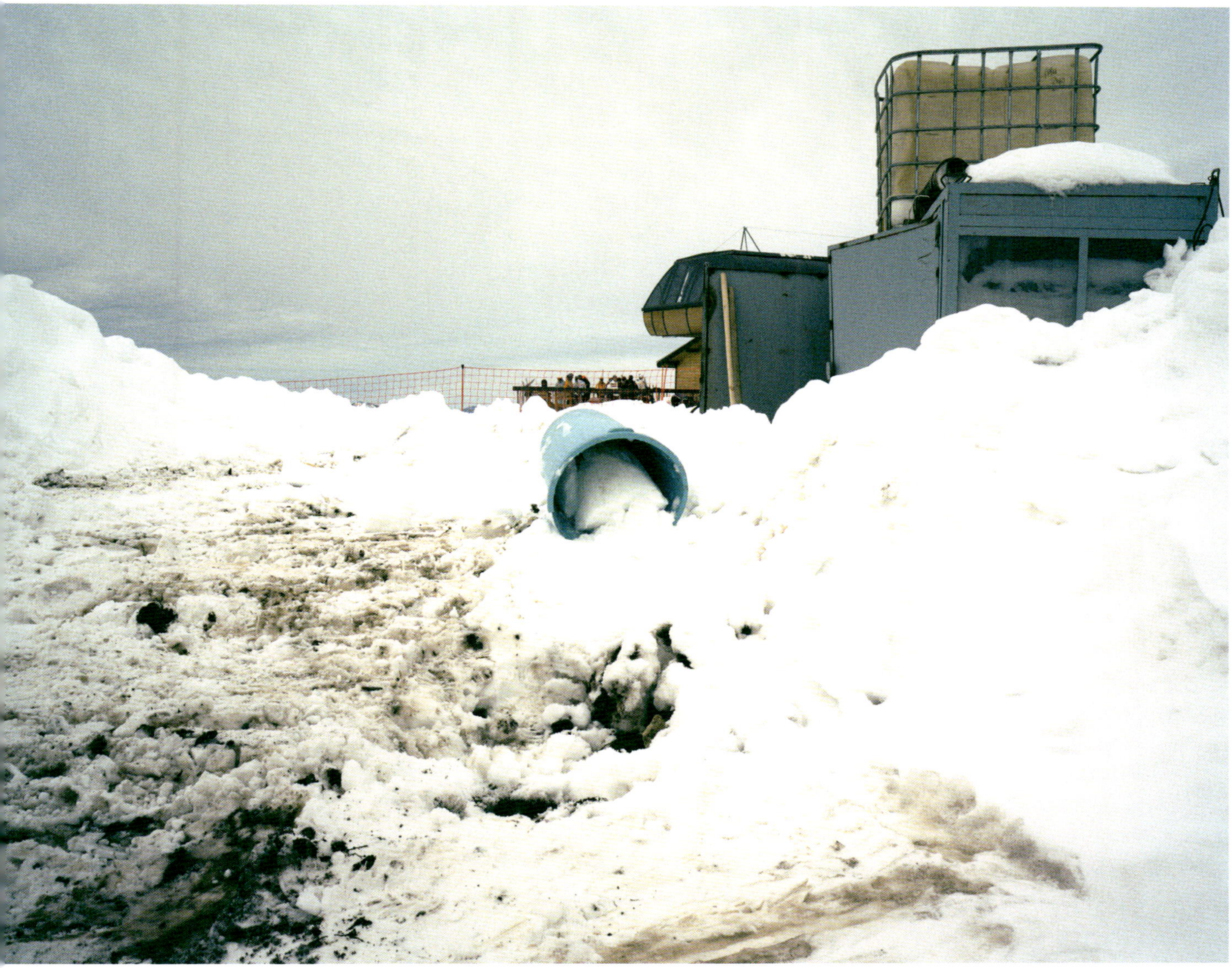

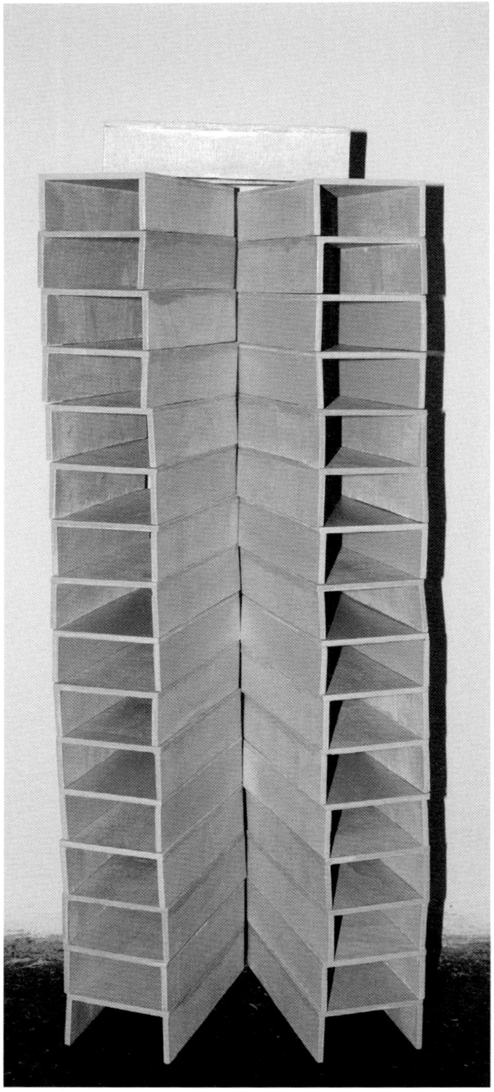

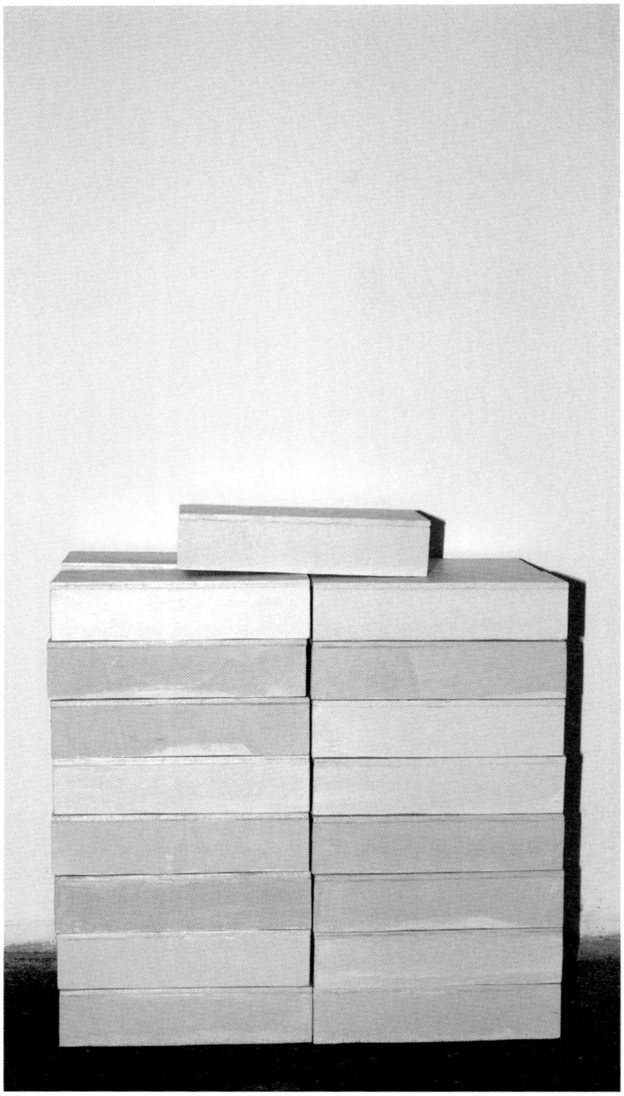

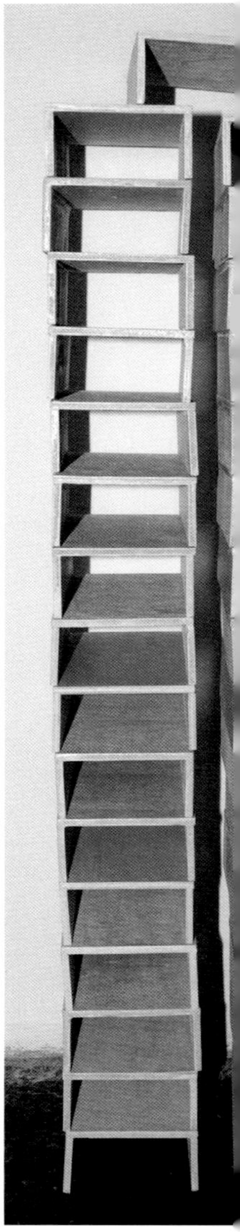

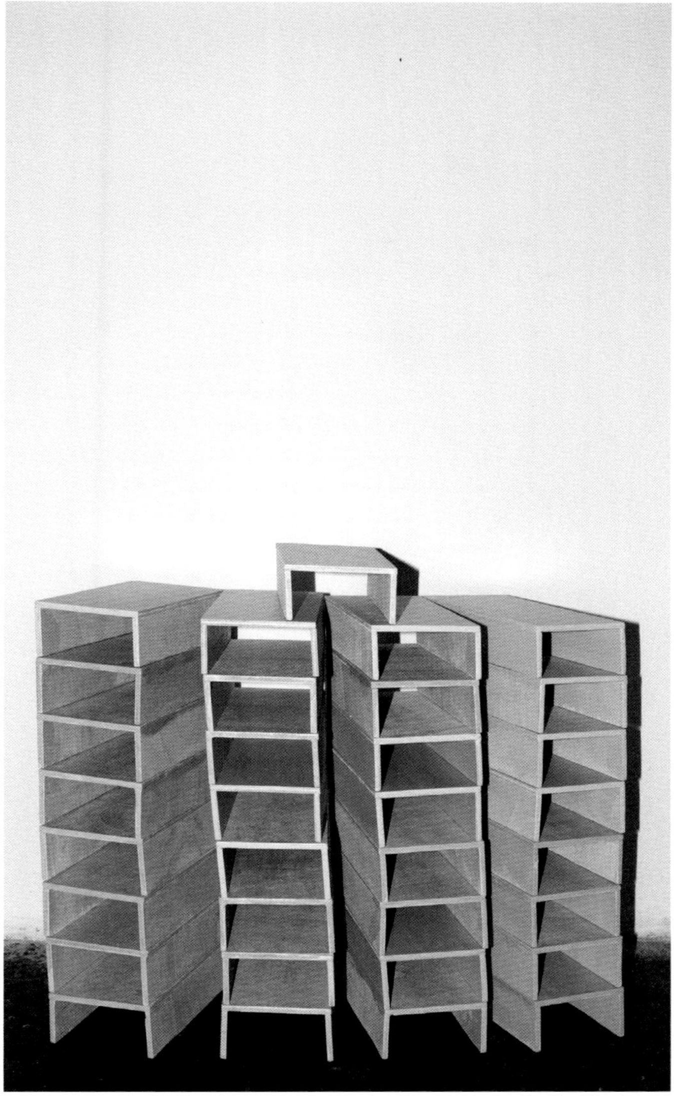
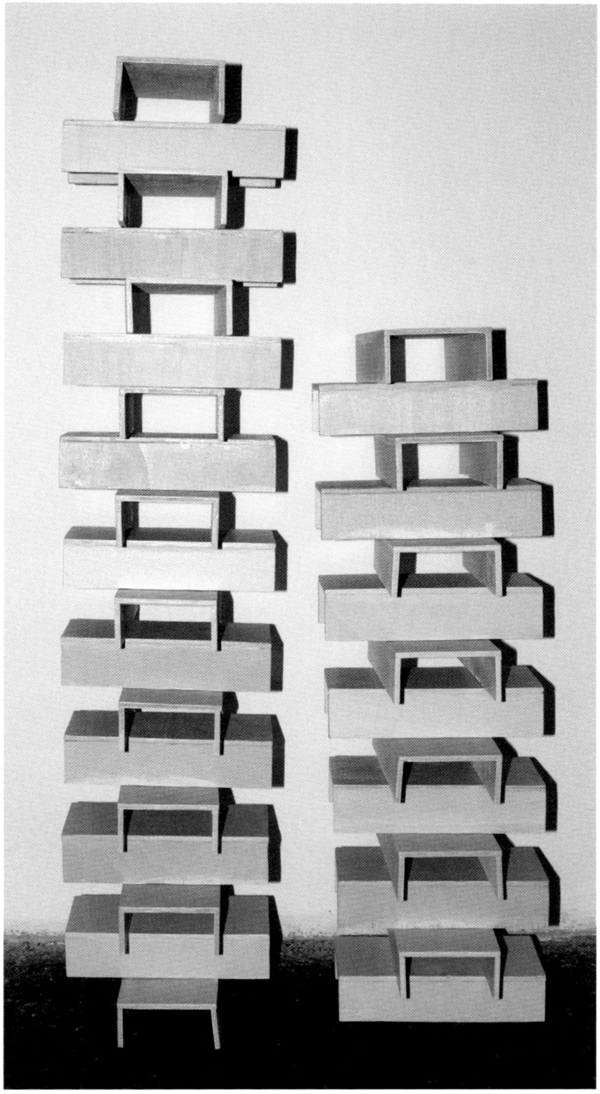

SCHNEE VON GESTERN?

[fleece object (150 x 170 cm), silhouette cut-outs (20 x 30 cm & 30 x 40 cm), photographs (variable sizes), embroideries (20 x 20 cm & 135 x 150 cm), digital drawings (variable sizes), oil paintings (50 x 50 cm), 15 glass objects with black tape (6 x 4 cm), ball pen drawings (70 x 100 cm), since 2017]

Geprägt von Erfahrungen in touristenüberfluteten Bergwelten entwickelt Catherine Ludwig – geboren und aufgewachsen im bayrischen Voralpenland – Arbeiten, die sich mit der von Menschen überprägten Hochgebirgslandschaft auseinandersetzen. Die Bergwelt, noch bis vor Kurzem eine Ehrfurcht gebietende Region, stellt heute ein Musterbeispiel domestizierter Natur dar. Längst dominieren „zivilisatorische" Erschließungen wie Liftanlagen, Seilbahnen, Schneekanonen und künstlich angelegte Speicherseen das Erscheinungsbild der Alpen. Selbst entlegenere Regionen wie der im Himalaya gelegene Mount Everest können sich zunehmender Massenzuströme kaum erwehren. Jedoch bedürfen die überbordenden Inszenierungen dieser vormals unerschlossenen Landschaften als „athletische Erlebnisräume" erheblicher Eingriffe in unser Ökosystem. Wenn etwa in den Alpen Hänge mit Schneegarantie künstlich beschneit werden und dafür ganze Speicherseen ausgehoben werden, verbraucht dies unverhältnismäßig große Mengen an Wasser und Strom.

An diese Beobachtungen knüpft Ludwig mit einer Reihe von Arbeiten an. In Scherenschnitten, formal manipulierten Fotos, kartografischen sowie diagrammartigen Darstellungen widmet sich die Künstlerin den Spuren sich ausbreitender Skigebiete unter veränderten klimatischen Bedingungen. Niederschlag und Kälte ergeben die rare Ressource dieser alpinen „Freizeitkollektoren": Sie heißt Schnee und will in entsprechenden Mengen produziert werden, um Erlebniserwartungen zu befriedigen. „Snow Farming" reiht sich in diese Überlegungen mit einem eindringlich ästhetischen Bild ein: Die Künstlerin lässt ein rechteckiges Stück Vlies an der Wand des Ausstellungsraums heruntergleiten und sacht am Boden aufsetzen. Aus der Mitte entfernt sie ein kreisrundes Stück, das nur ein Stück weit davon entfernt am Boden liegen bleibt. Der sichtbare Eingriff prägt die neue Form. Er ist unwiderruflich. Philippe Batka (Ausstellungstext anlässlich der Gruppenausstellung *Petition,* Kunstverein Salzburg, 2019)

Influenced by her experiences in the mountain worlds overrun by tourists, Catherine Ludwig – born and raised in the Bavarian foothills of the Alps – develops works that deal with the anthropogenic high mountain landscape. The mountain world, until recently an awe-inspiring region, is today a prime example of domesticated nature. The appearance of the Alps has long been dominated by constructions designed to "civilise" the landscape, such as lifts, cable cars, snow cannons and artificial reservoirs. Even the more remote regions such as Mount Everest in the Himalayas have hardly been spared from the increasing mass influx of visitors. However, the zealous promotion of these previously undeveloped landscapes as "athletic adventure parks" requires considerable intervention in our ecosystem. When, for example, slopes in the Alps are covered with artificial snow and entire reservoirs are dug out for this purpose, this consumes disproportionately large amounts of water and electricity.

Ludwig continues these observations with a series of works. In silhouette cut-outs, mechanically manipulated photographs, cartographic and diagram-like representations, the artist devotes herself to exploring the expanding ski areas under changing climatic conditions. Precipitation and cold weather provide the scarce resource of these alpine leisure enthusiasts: snow – and this needs to be produced in appropriate quantities in order to satisfy their expectations. "Snow Farming" joins these considerations with a hauntingly aesthetic image. The artist allows a rectangular piece of fleece to slide down the wall of the exhibition space and gently touch the ground. She removes a circular piece from the centre, leaving it lying on the floor just a short distance away. The visible intervention shapes the new form. It is irrevocable. Philippe Batka (exhibition text for the group exhibition *Petition*, Kunstverein Salzburg, 2019)

Ausstellungsansicht / installation view, Kunstverein Salzburg, 2019

Es ist ein bedeutendes Charakteristikum des Anthropozäns, dass die Eingriffe des Menschen in der Natur auf ihn selbst zurückfallen.

It is an important characteristic of the Anthropocene that man's interventions in nature fall back on him.

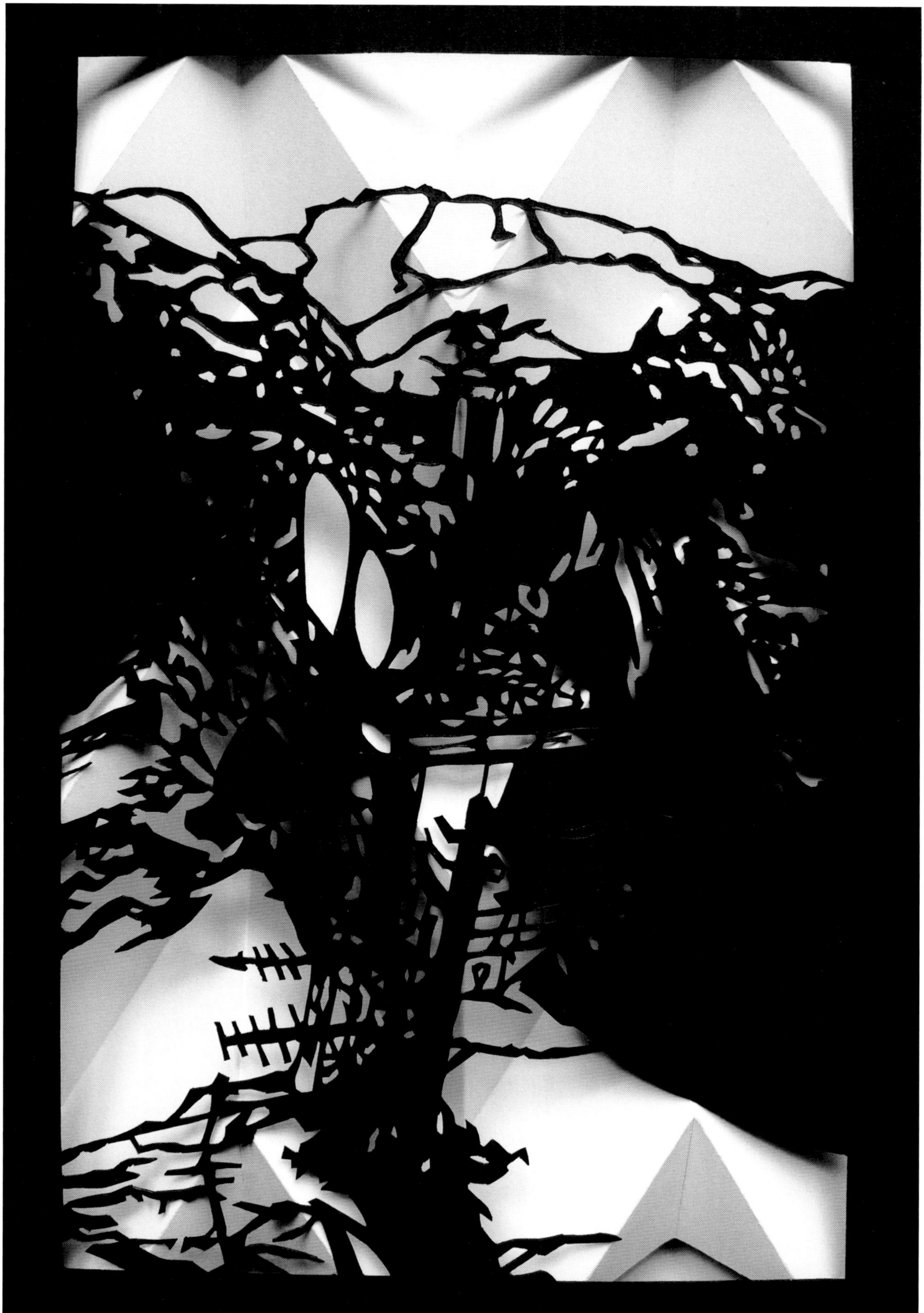

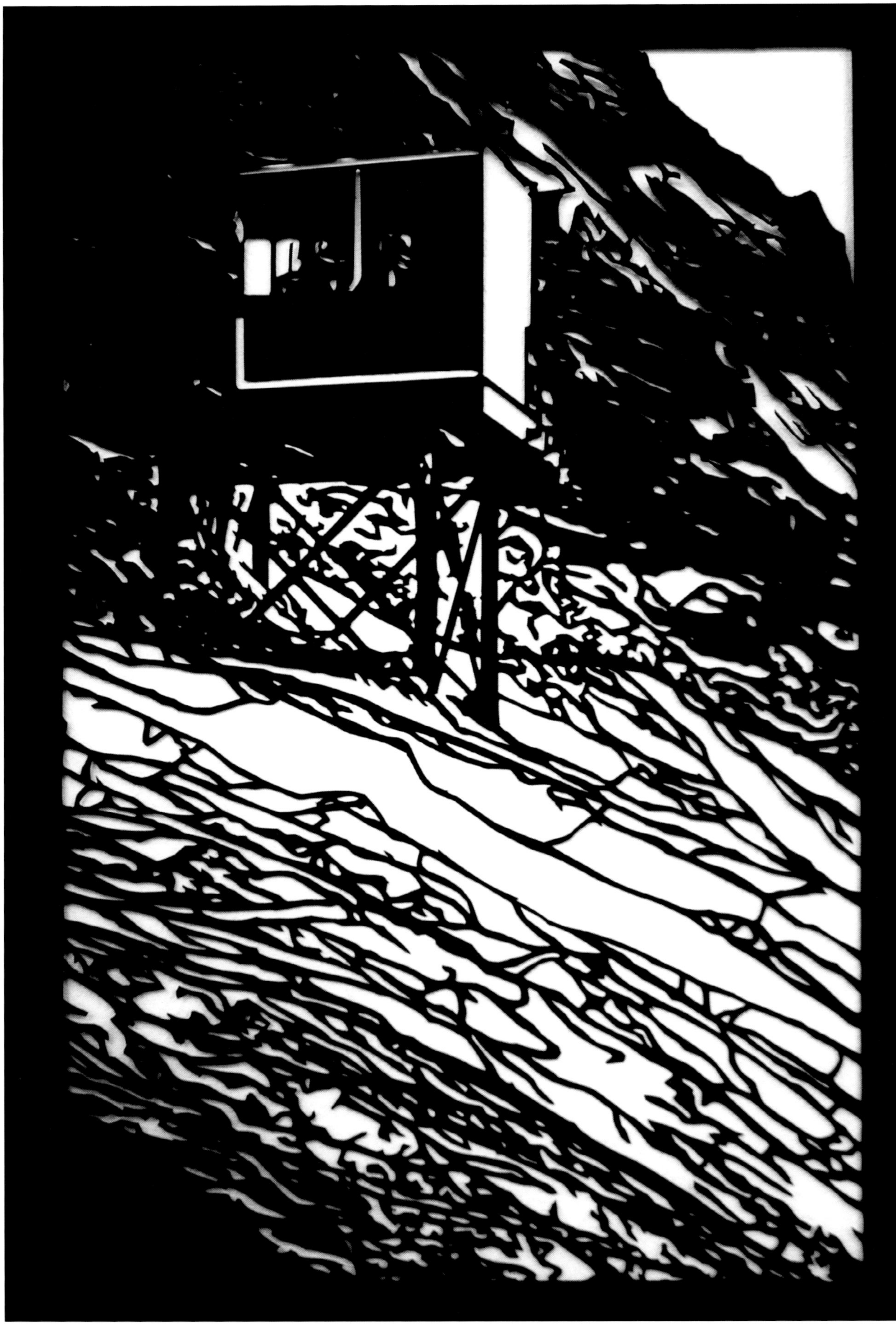

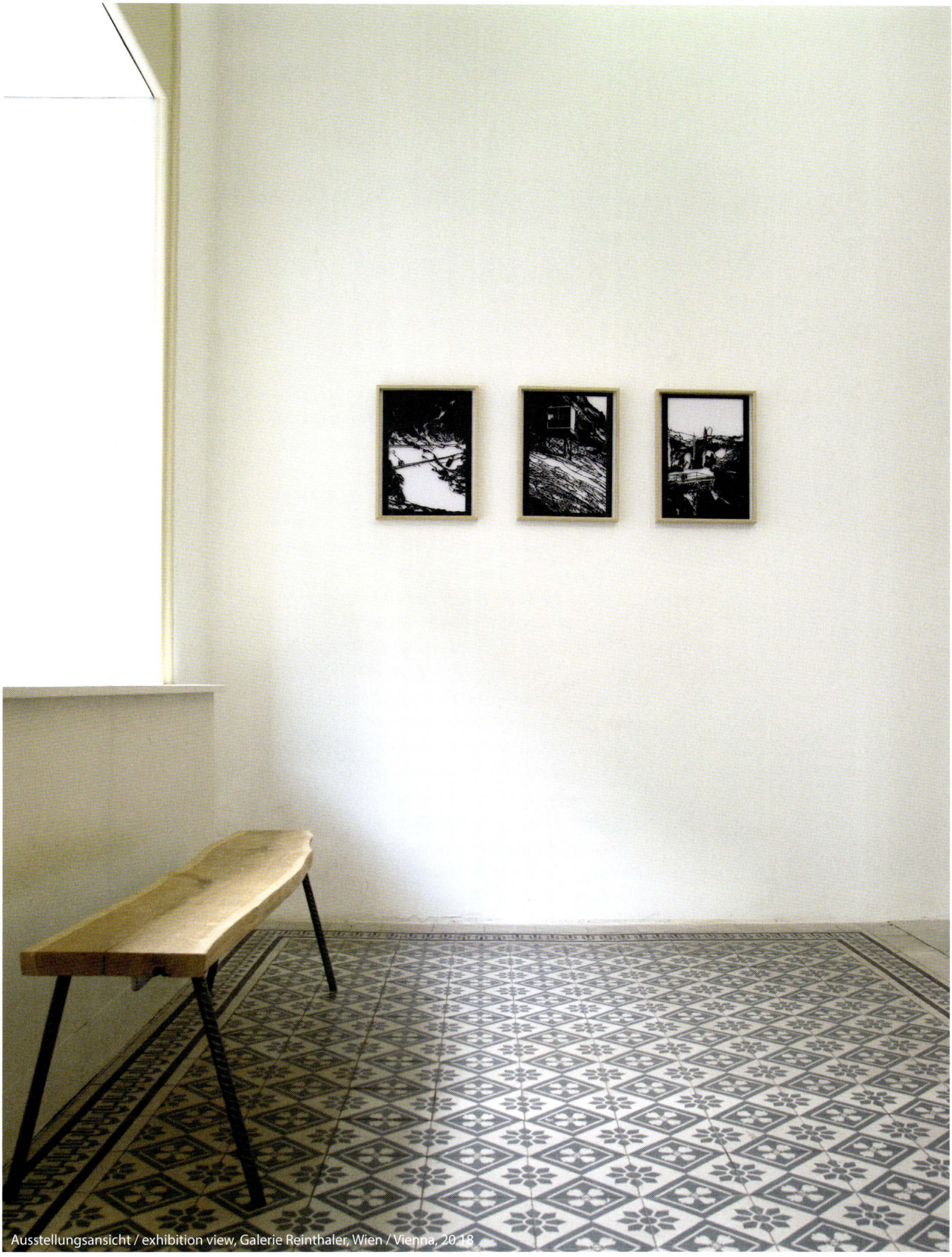

Ausstellungsansicht / exhibition view, Galerie Reinthaler, Wien / Vienna, 2018

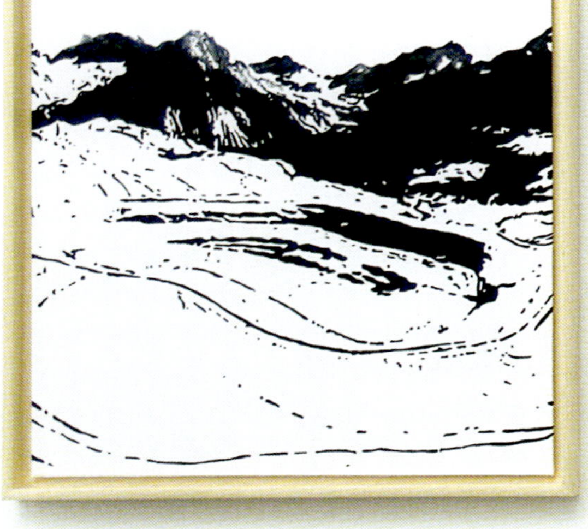

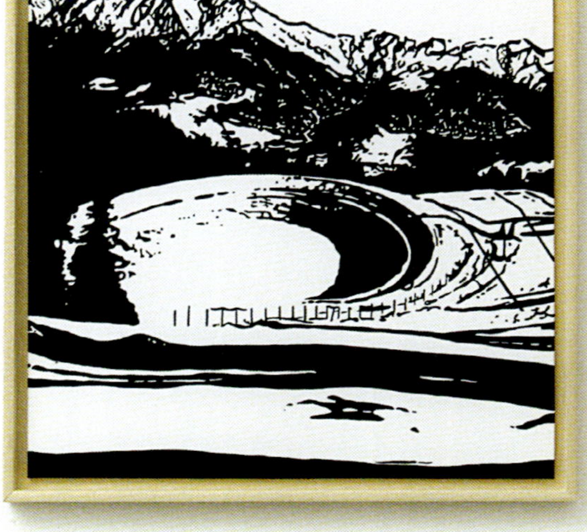

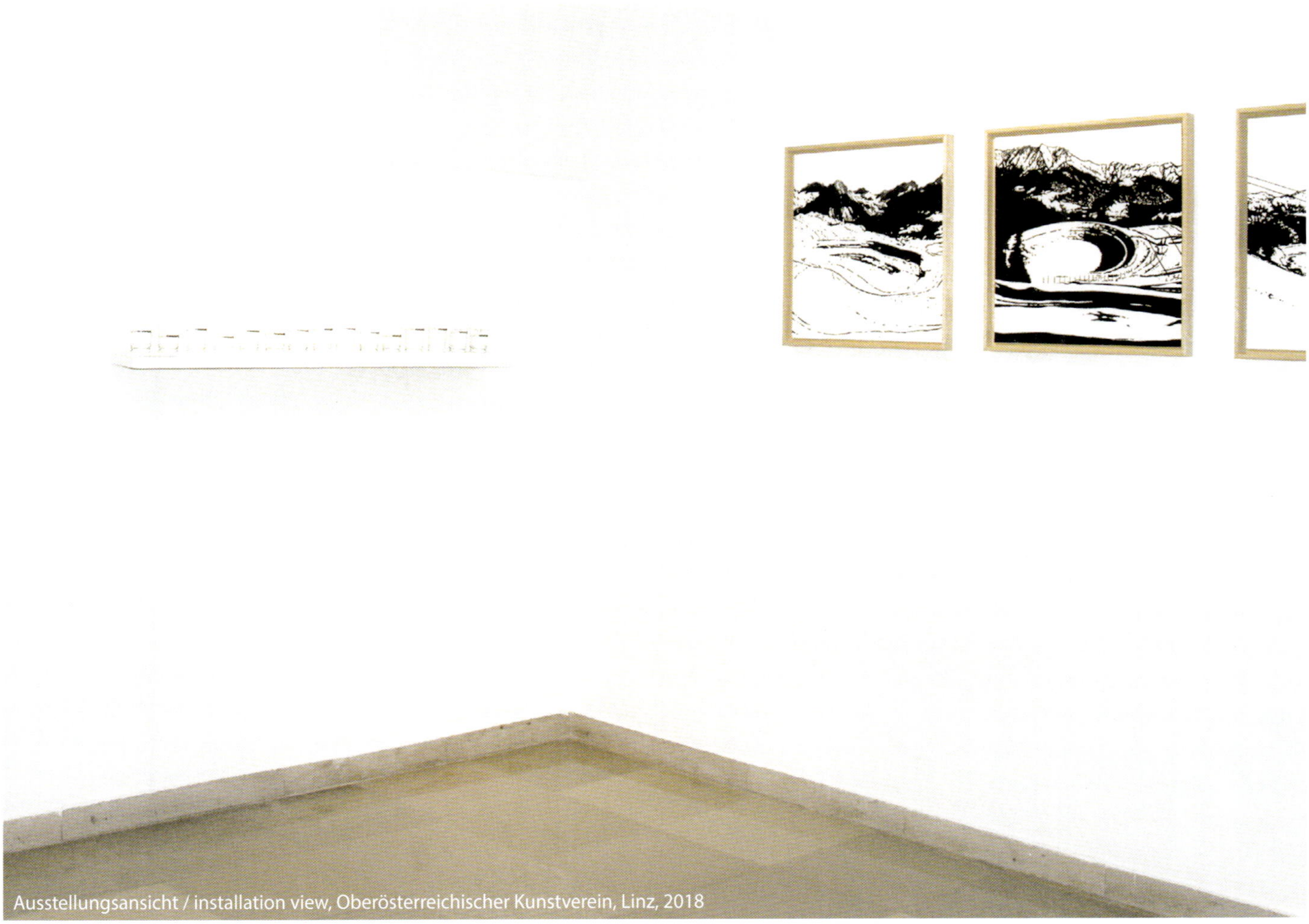

Ausstellungsansicht / installation view, Oberösterreichischer Kunstverein, Linz, 2018

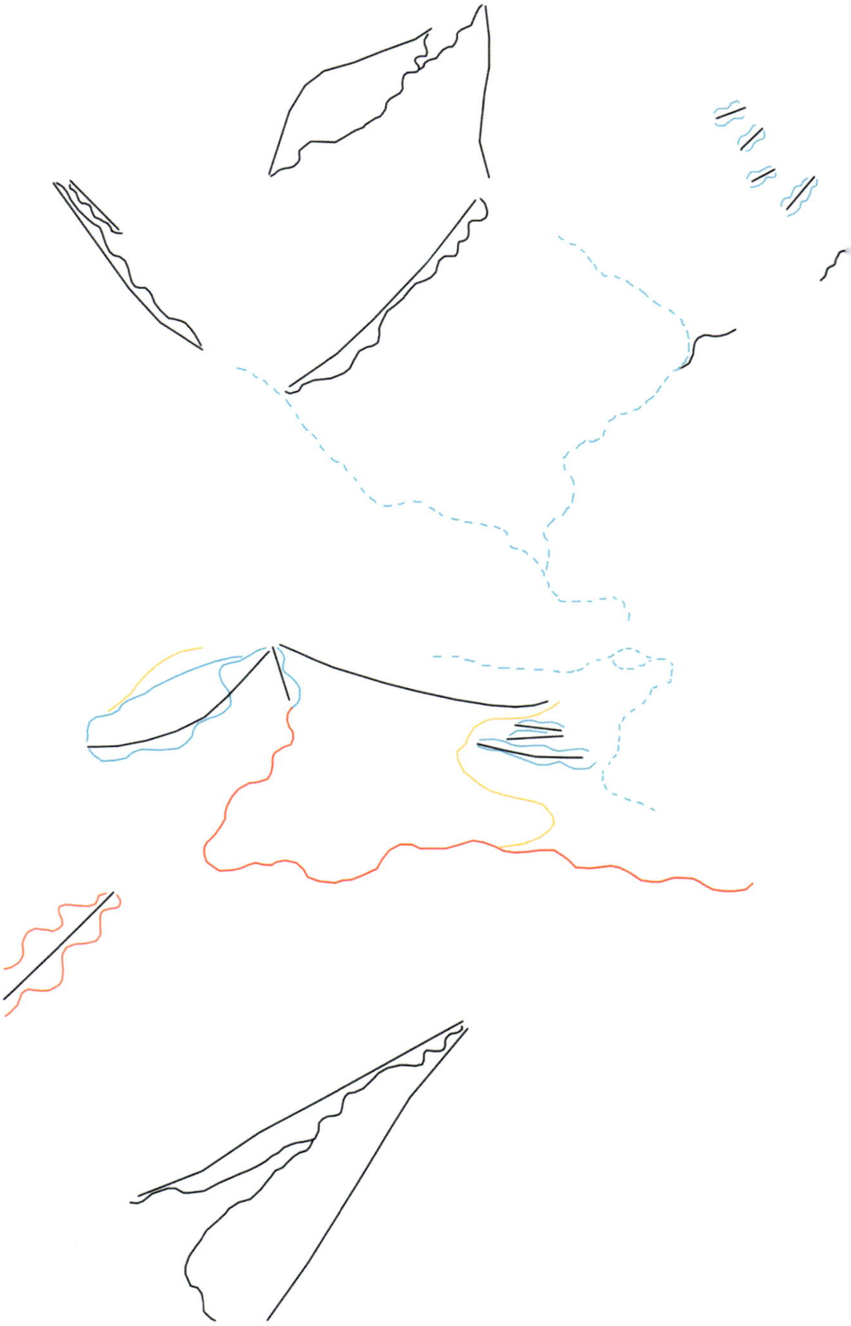

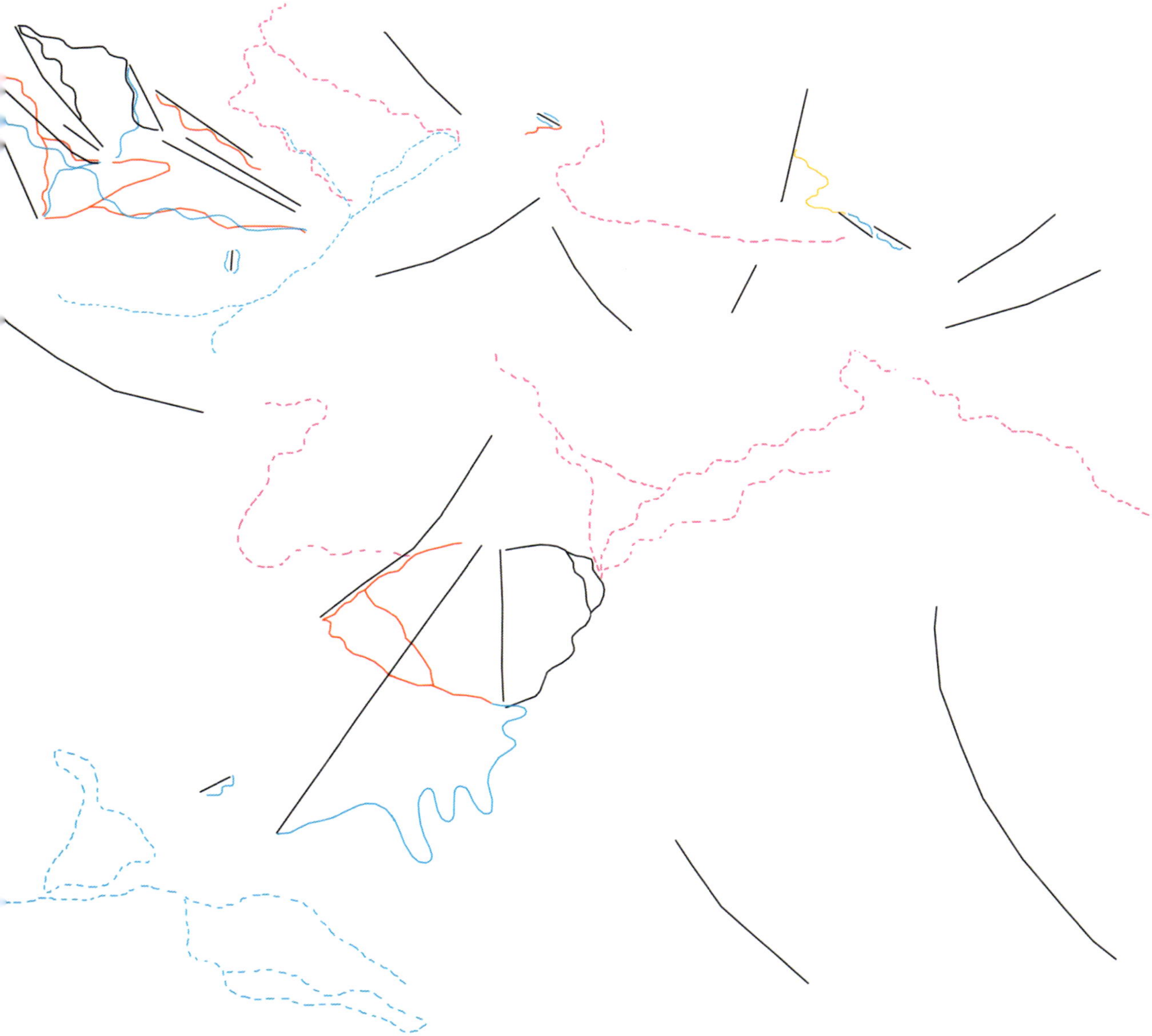

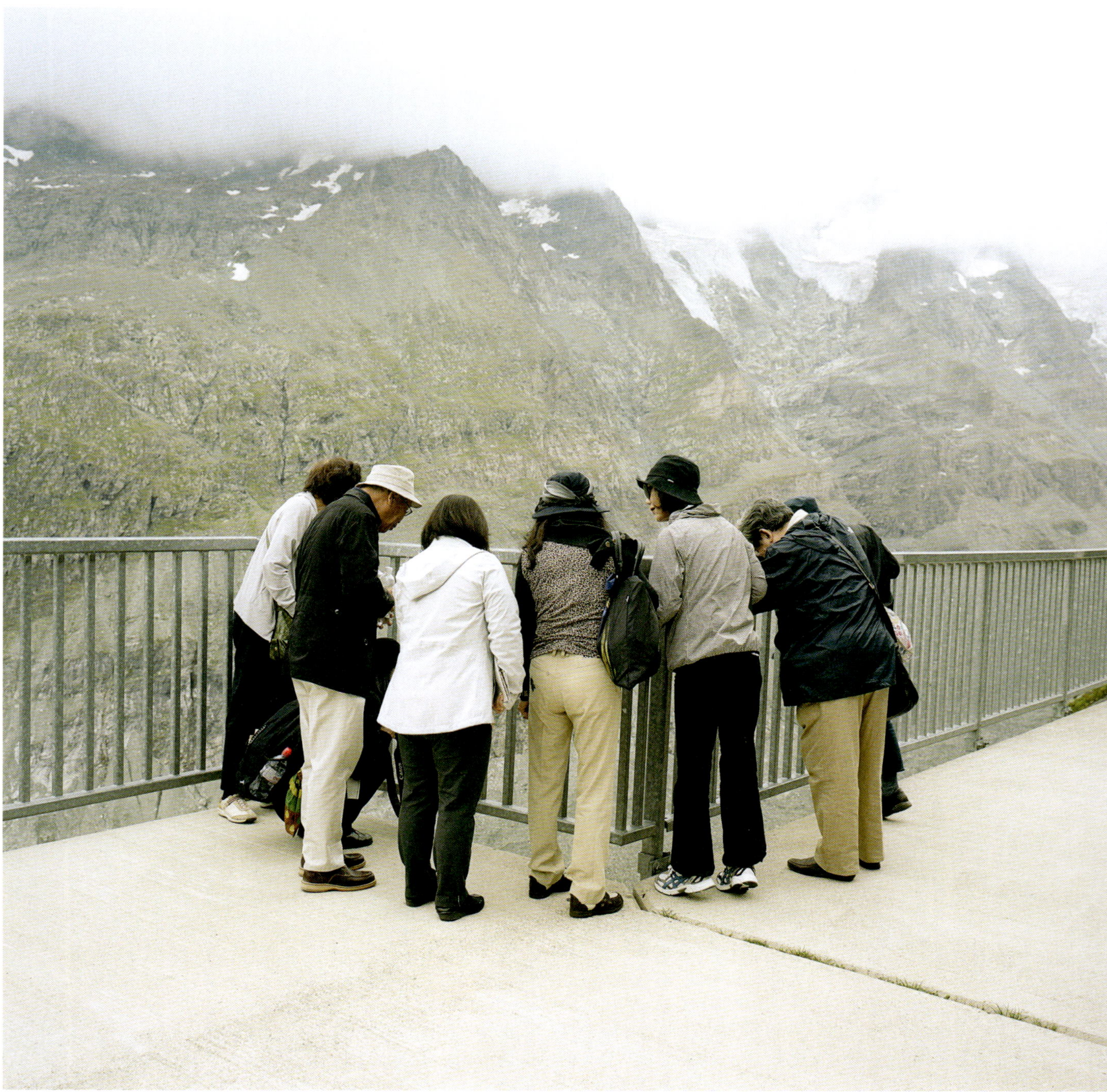

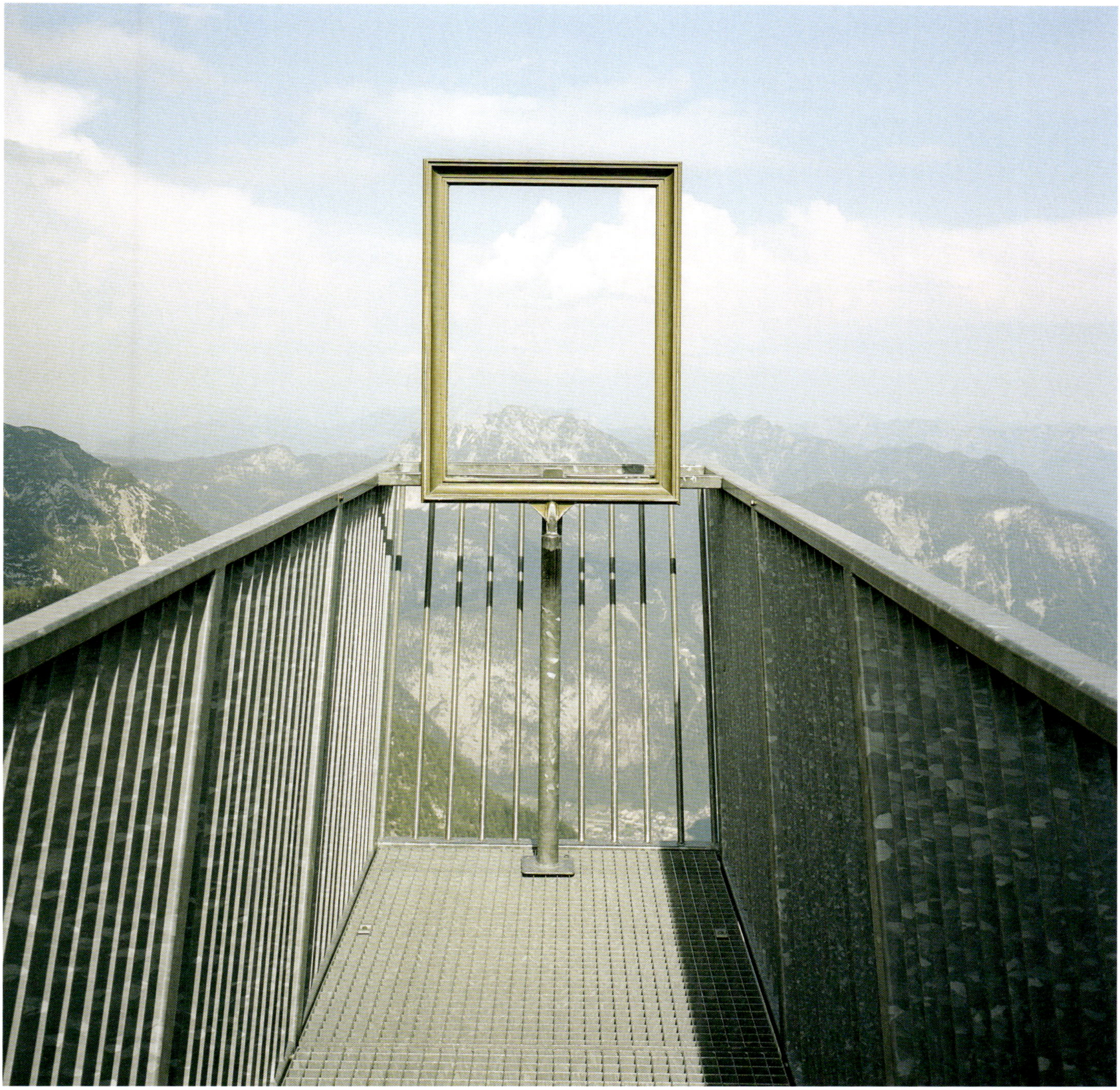

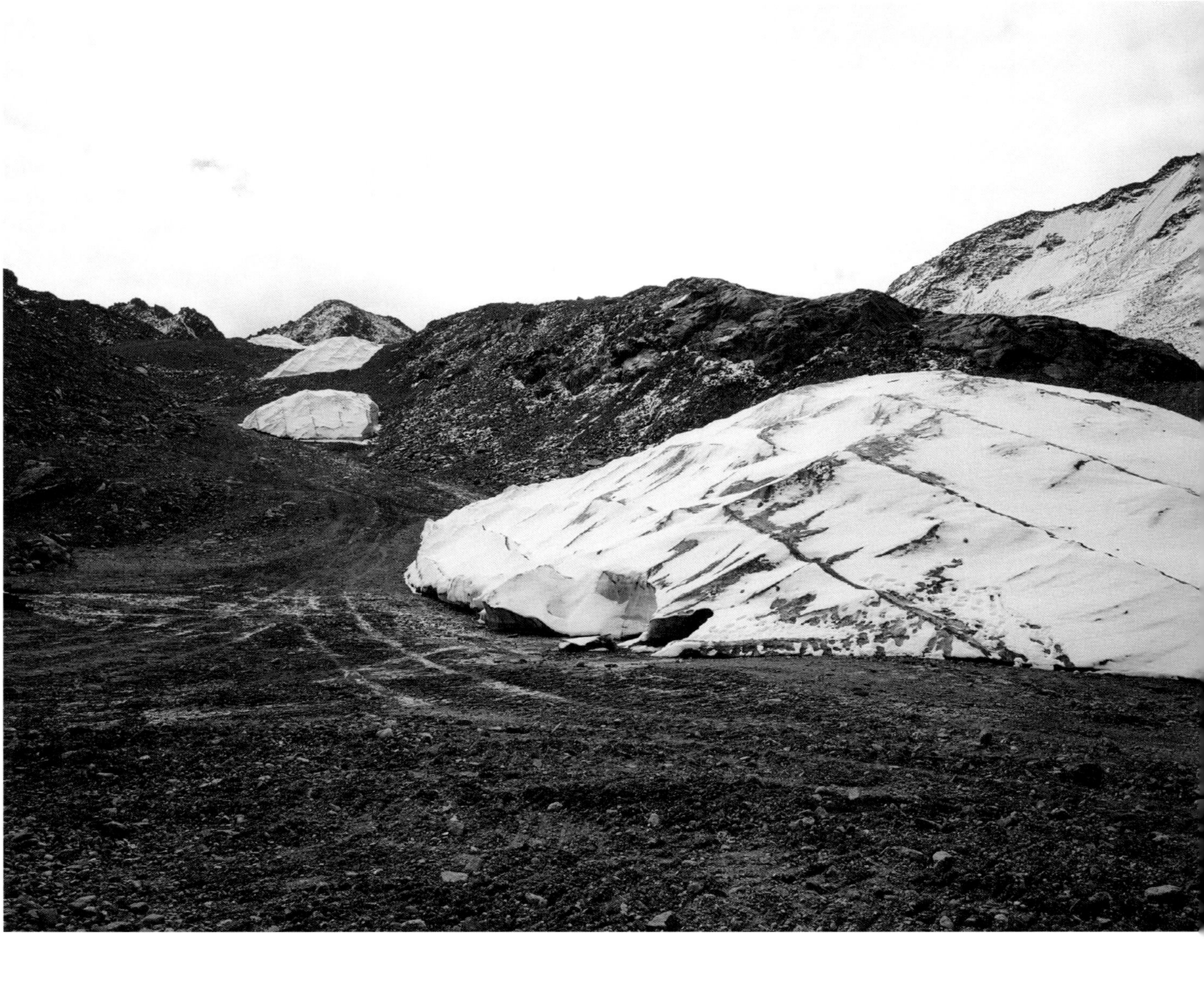

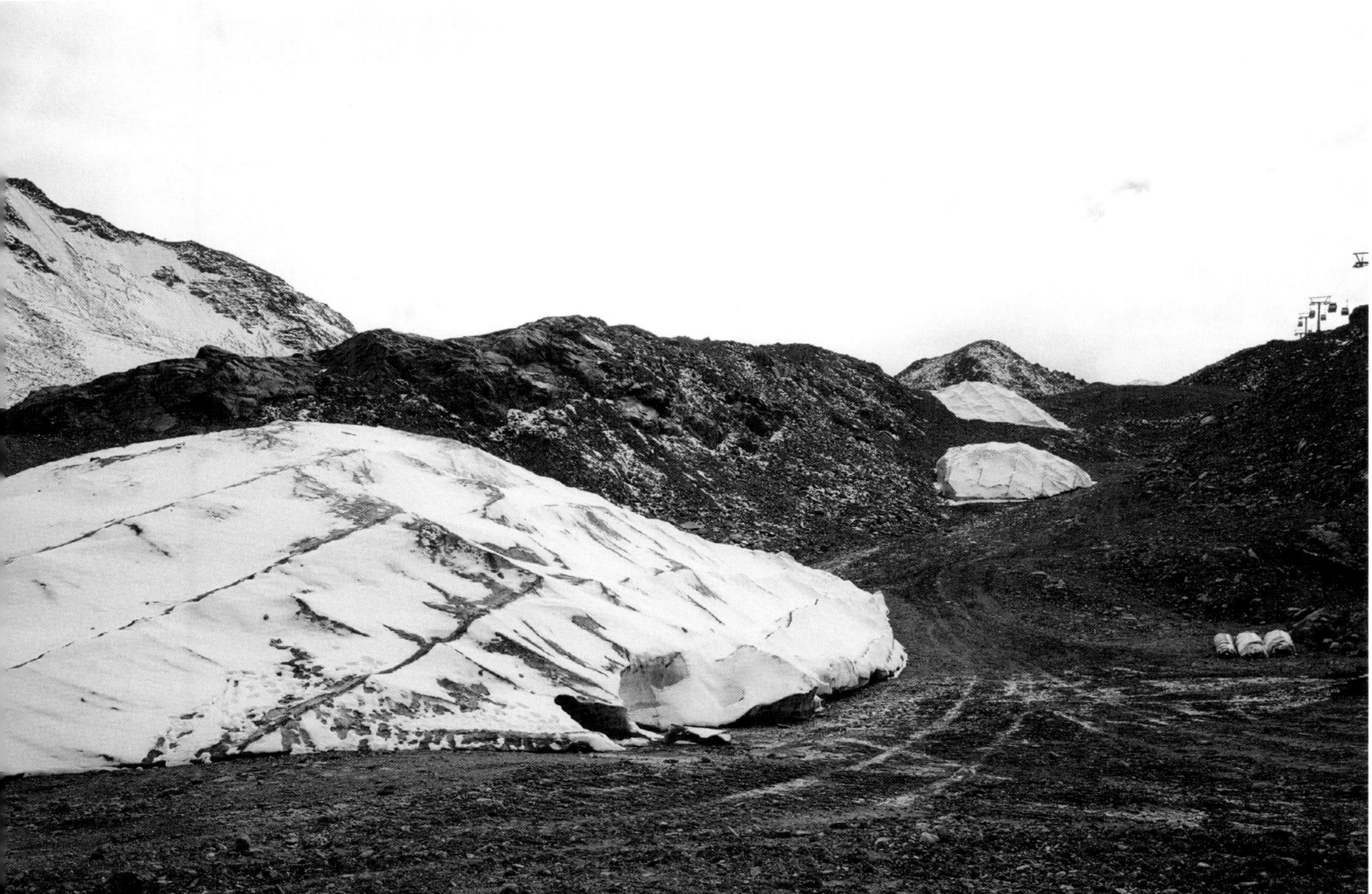

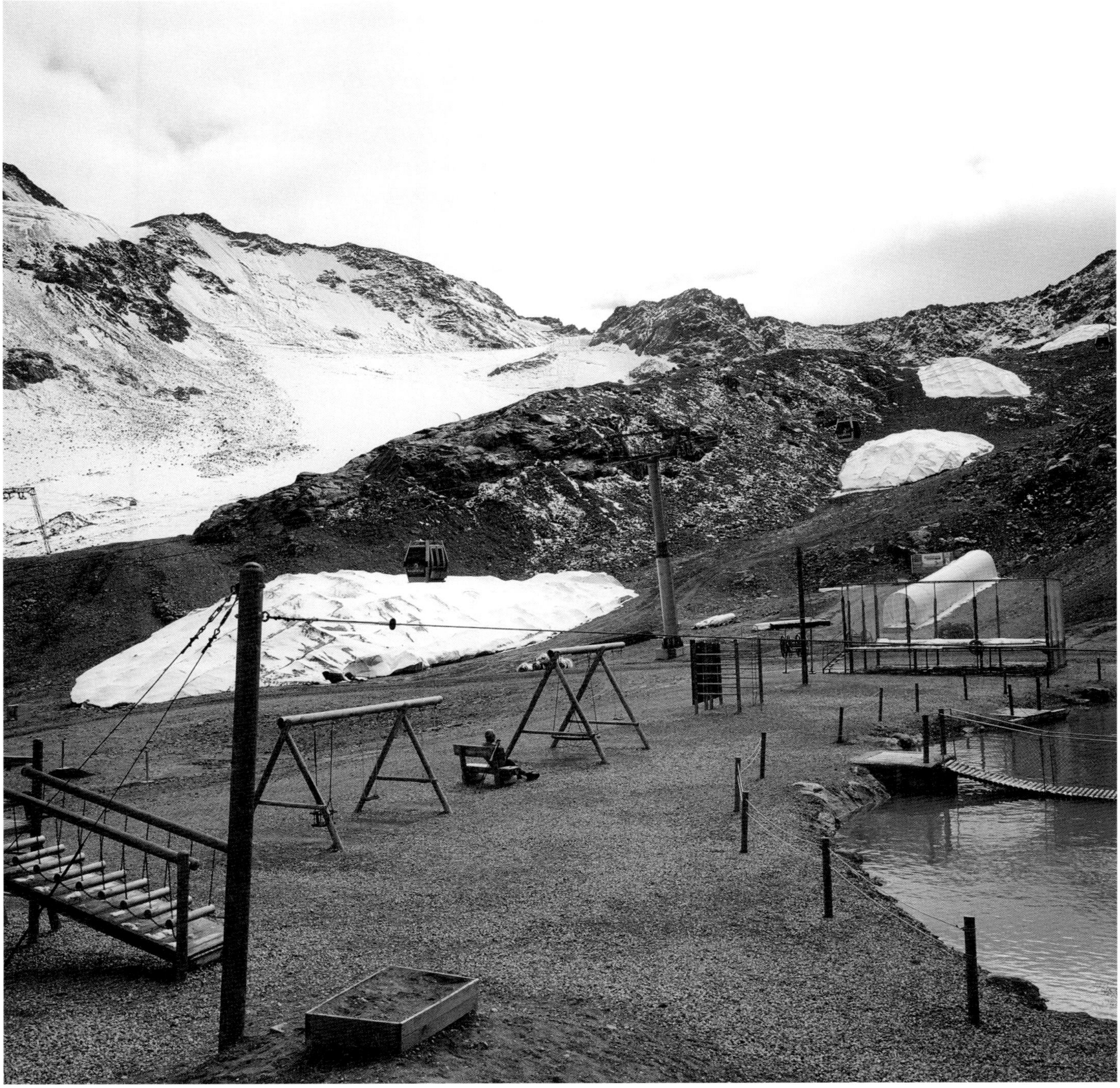

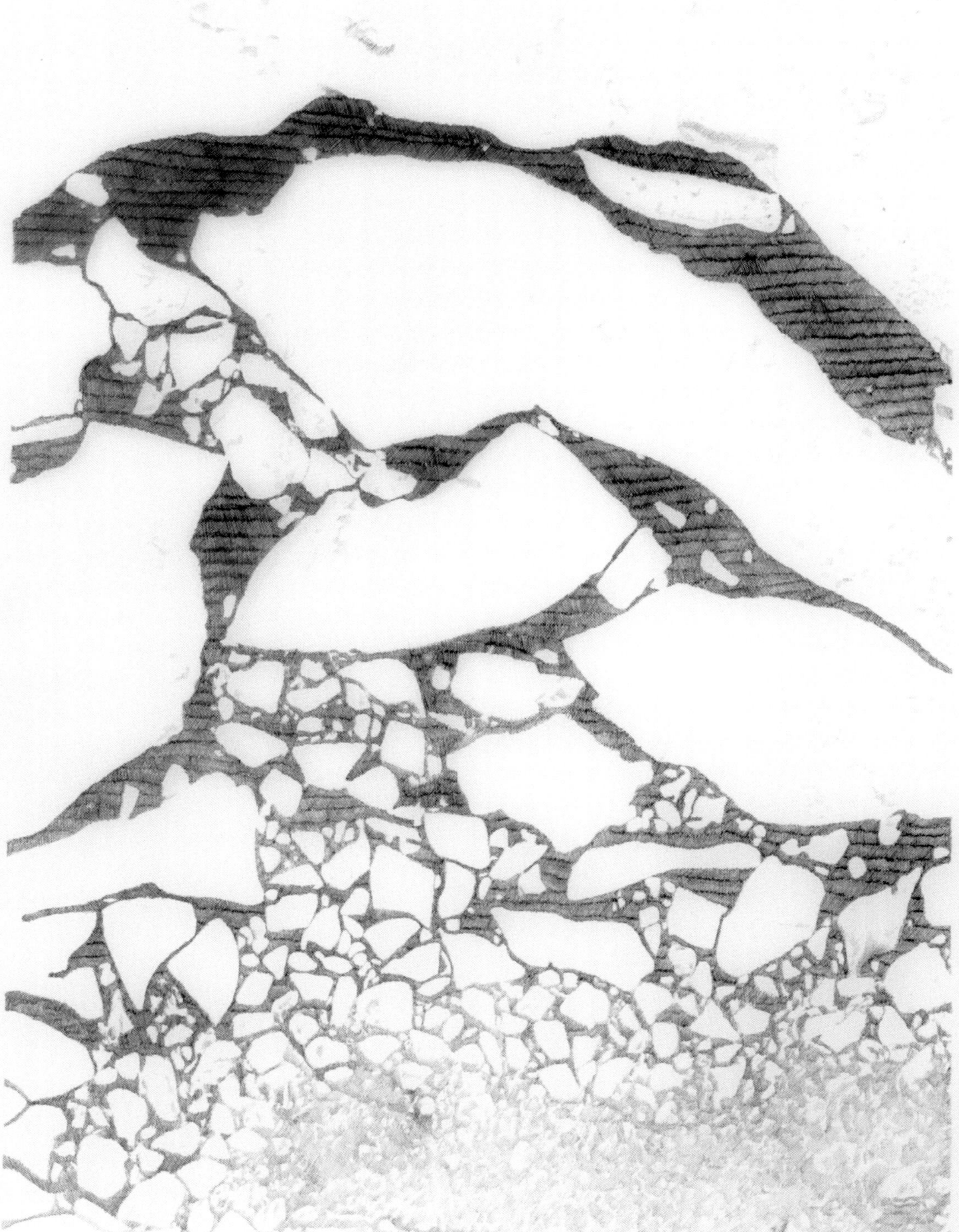

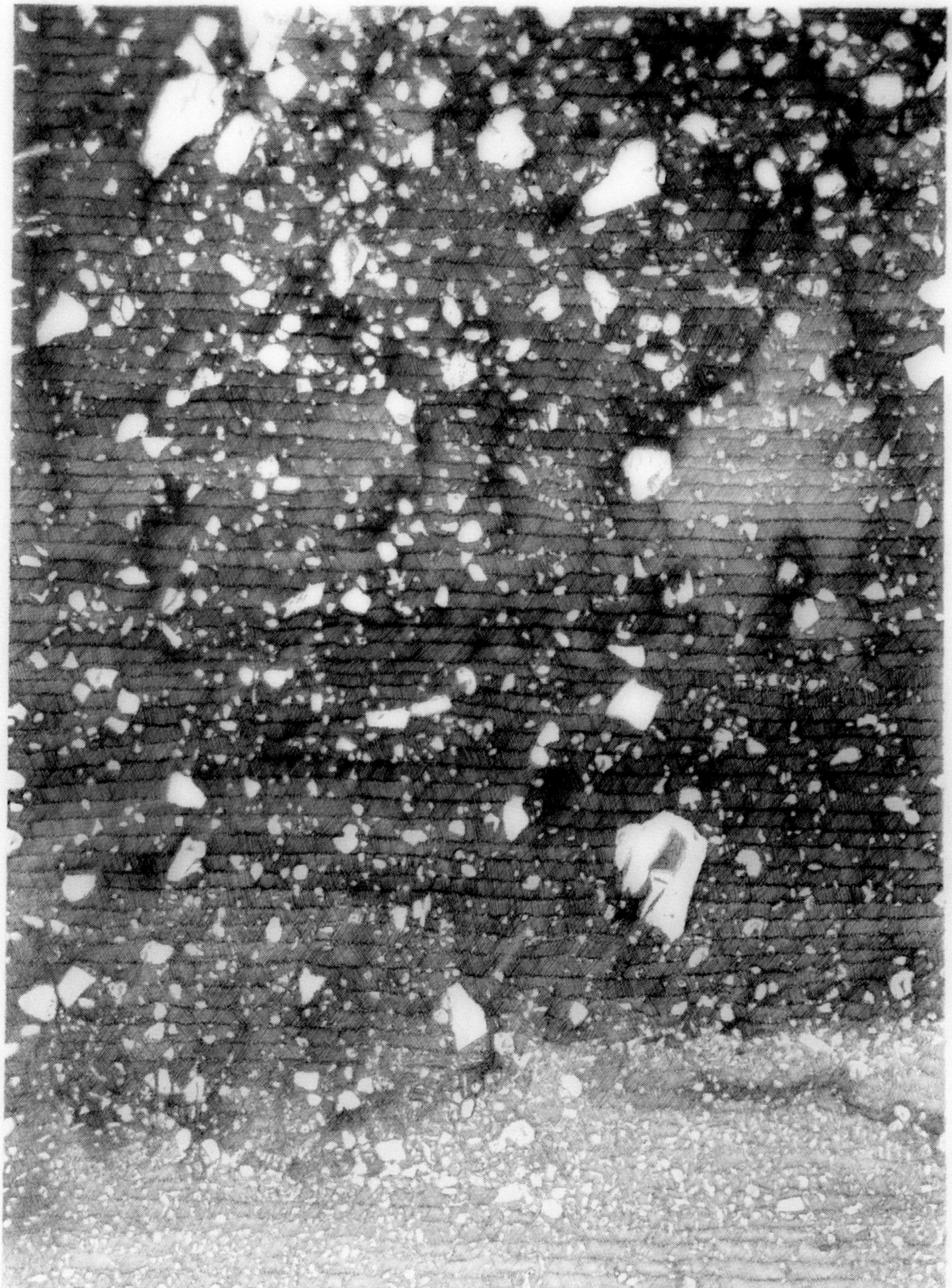

Schiefstand Lawine

[pencil drawings (42 x 60 cm), 2019]

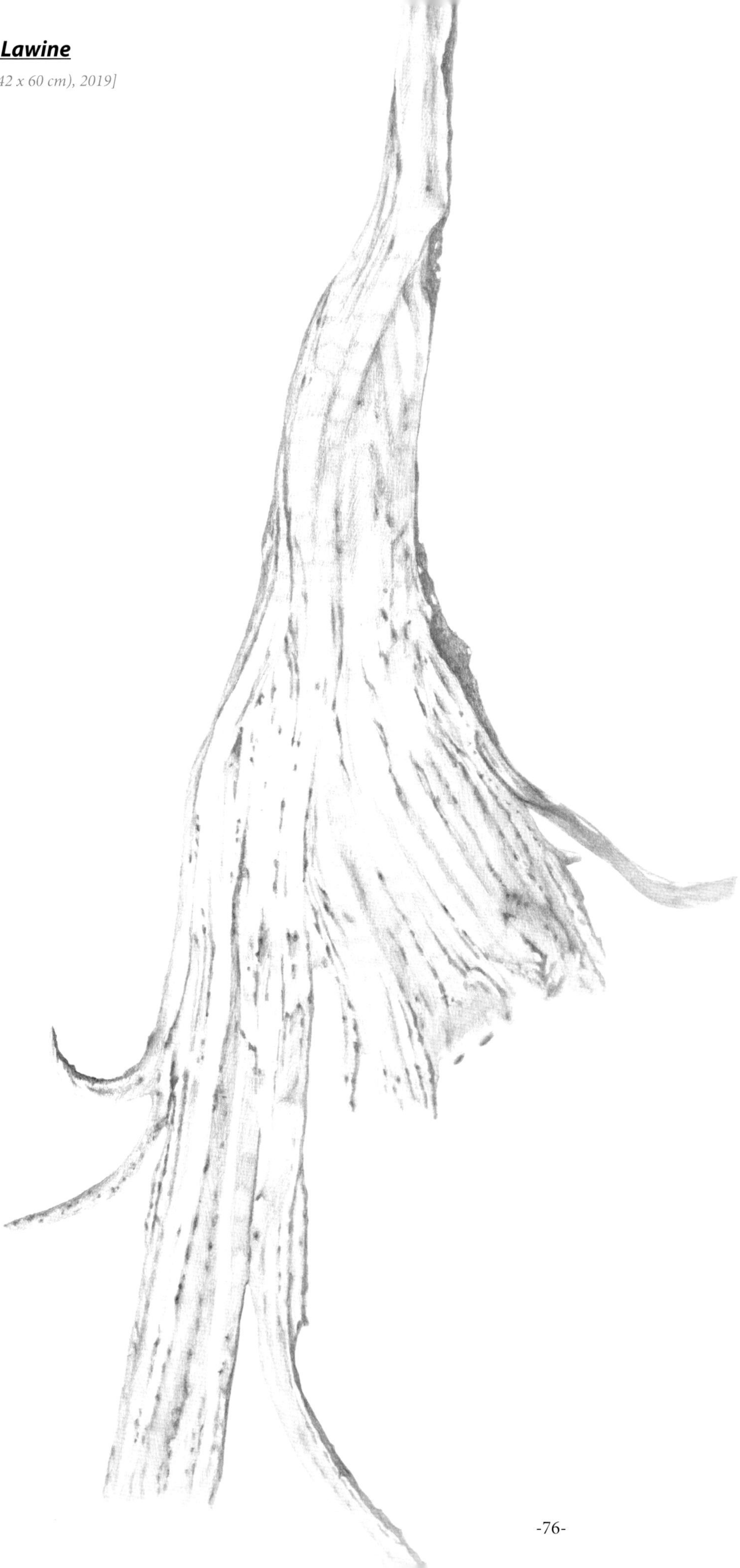

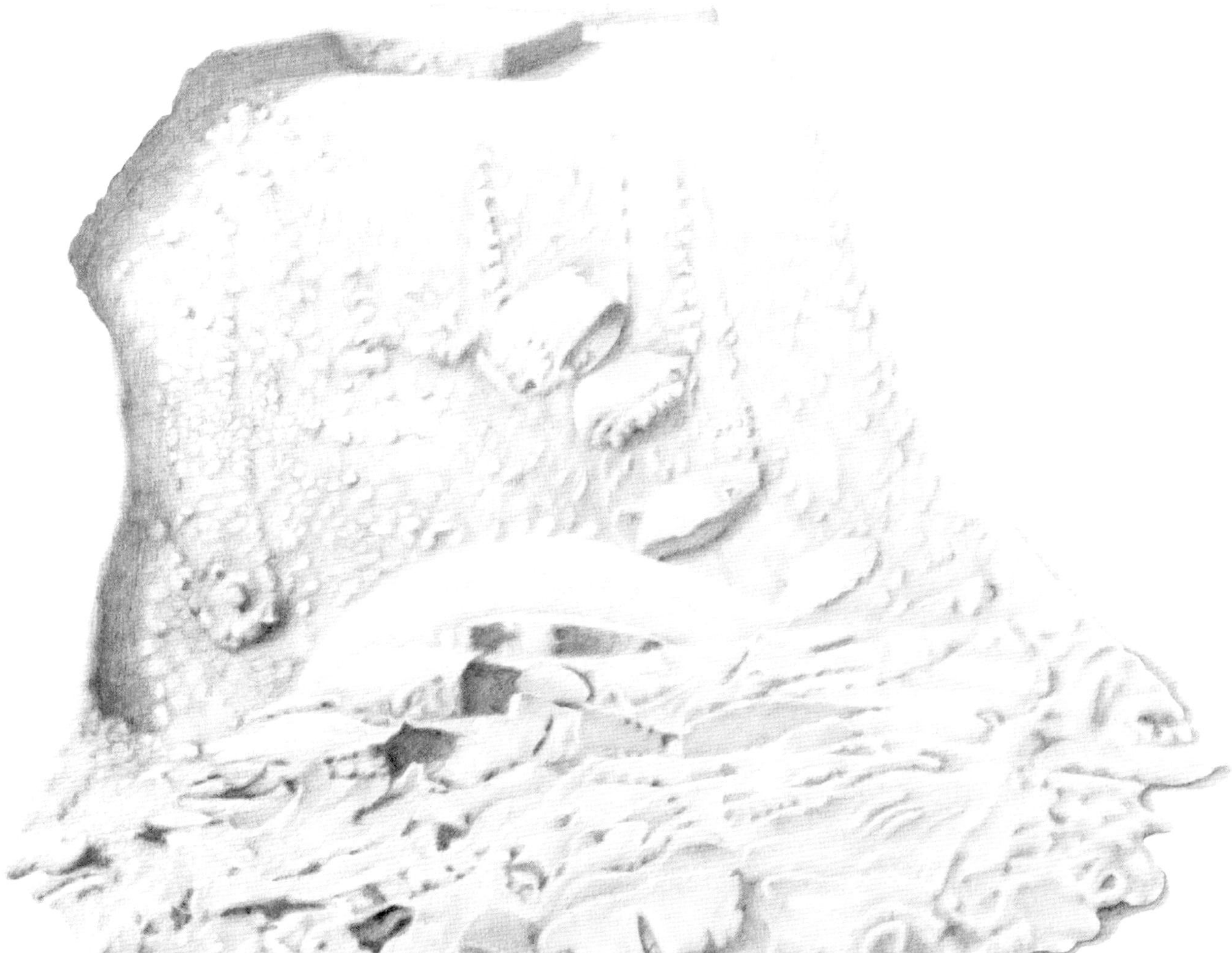

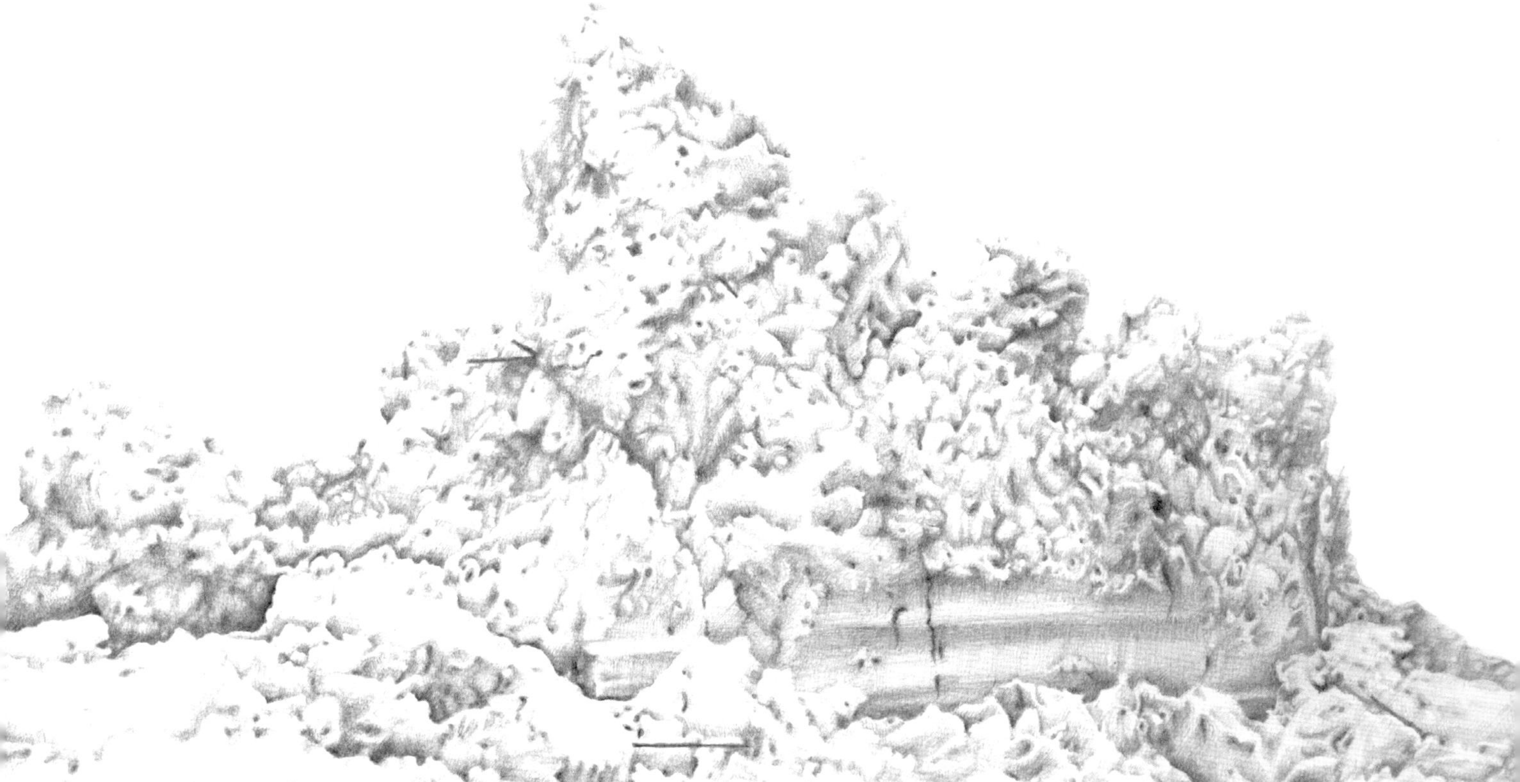

On the Swiss trail of Thomas Cook's "Internationale Pauschalreisen": 1863–2019

[2 collages (20 x 30 cm), medium-sized photographs (variable sizes), 3 digital drawings (variable sizes), 2019–2020]

Thomas Cook, ein baptistischer Geistlicher und britischer Tourismus-Pionier, war der Begründer der Pauschalreise sowie der Gründer des Reiseunternehmens, der Thomas Cook Group plc. Dieser multinationale Reisekonzern musste im September 2019 Insolvenz anmelden. Somit ist das wohl bekannteste Pauschalreiseunternehmen nun auch Geschichte.

Die erste Rundreise außerhalb Englands plante Cook im Sommer 1863. Die Reiseroute ging von London über Paris, weiter nach Chamonix durch die Schweizer Alpen. Geleitet wurde die Reise von Thomas Cook, der bereits in Martigny wieder die Gruppe verließ, um sich seinen Geschäften in England zu widmen. Mit dabei waren außerdem die Künstlerin Jemima Morrell sowie Mitglieder des britischen Junior United Alpine Clubs aus der aufstrebenden Mittelschicht. Das choreografierte Ende der zwölftägigen Reise war der legendäre Sonnenaufgang auf der Rigi. Das Reisetagebuch Morrells anlässlich dieser ersten internationalen Pauschalreise der Welt bildet daher den organisierten Tourismus ab. Das Reisetagebuch ist einerseits ein gesellschaftliches Dokument, andererseits auch ein naturwissenschaftliches, da sich die Bergwelt in den letzten 156 Jahren aufgrund der ansteigenden Temperaturen erheblich verändert hat.

Im Sommer 2019 reiste ich in einer Kleingruppe große Teile der Reiseroute von 1863 nach, aber nicht in Kutschen, mit der Bahn und Dampfern, sondern mit Campingwagen und zu Fuß. Genächtigt haben wir auf Campingplätzen, nicht in Hotels wie die betuchte britische Reisegruppe im Jahr 1863. Der wohl größte Unterschied heute zu damals ist ein quantitativer: Es gibt nun beachtlich weniger Schnee und Eis, dafür umso mehr Tourist*innen.

Thomas Cook, a Baptist minister and pioneer of British tourism, founded both the package tour and the Thomas Cook Group plc travel company. This multinational travel group had to file for bankruptcy in September 2019. Hence, the most famous package tour company has now also been consigned to history.

Cook planned the very first round trip outside of England in the summer of 1863. The route was from London to Paris, and then on to Chamonix through the Swiss Alps. The journey was led by Thomas Cook, who, upon reaching Martigny, left the group in order to devote himself to his business in England. Also present were the artist Jemima Morrell and members of the emerging middle class from the British Junior United Alpine Club. The choreographed end of the twelve-day journey was the legendary sunrise on the Rigi. Morrell's travel diary on the occasion of the world's first international package tour is an illustration of organised tourism. The travel diary is a social document on the one hand and a scientific document on the other, as the mountain world has changed considerably over the last 156 years due to rising temperatures.

In the summer of 2019, I followed large parts of the 1863 itinerary in a small group, but not in carriages, by train and steamboat, but in camper vans and on foot. We stayed overnight in campsites, not in hotels like the well-to-do British travel group in 1863. Probably the biggest difference today compared to then is a quantitative one: there is now considerably less snow and ice, but all the more tourists.

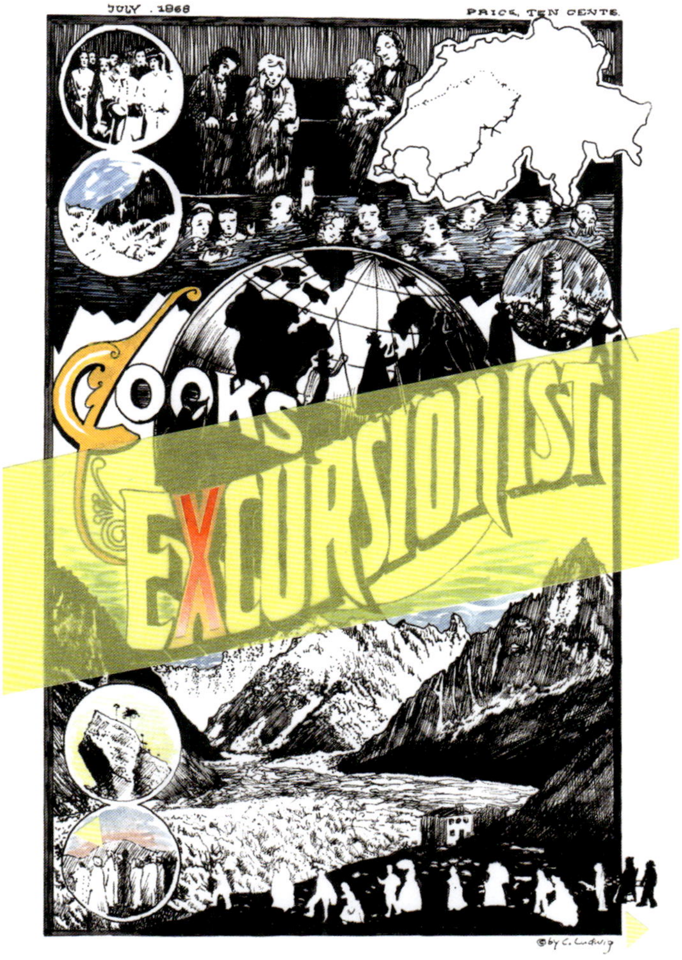

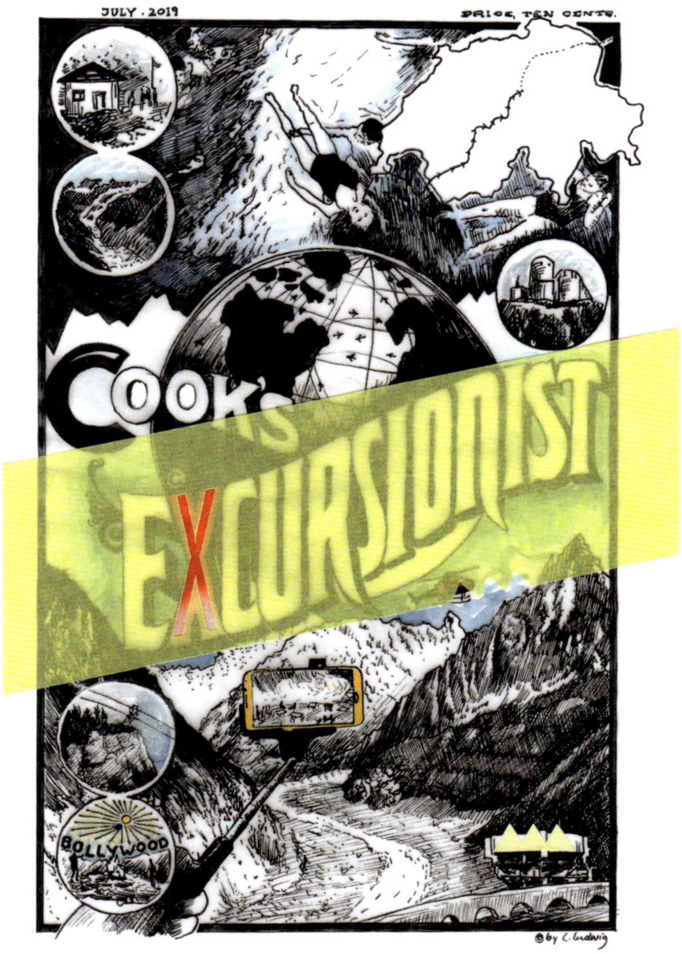

„In einem Becken erkannten wir eine Dame, die uns am Vortag im Speisesaal gegenübergesessen hatte. Ihre nächste Mahlzeit nahm sie bis zu den Schultern im Wasser ein; auf einem hölzernen Tablett standen eine kleine Kaffeekanne, ein Tellerchen mit Butter und geschnittenes Brot.“

„Miss Jemima's Swiss Journal“, 2018 (SRF, Archiv Thomas Cook, London, 22)

“In one bath we recognised a lady who was our vis-à-vis at table d'hôte the day before. She was taking her next meal up to her shoulders in water; on a wooden tray was placed a tiny coffee-pot, a pat of butter and slices of bread.”

“Miss Jemima's Swiss Journal”, 2018 (SRF, Archive Thomas Cook, London, 22)

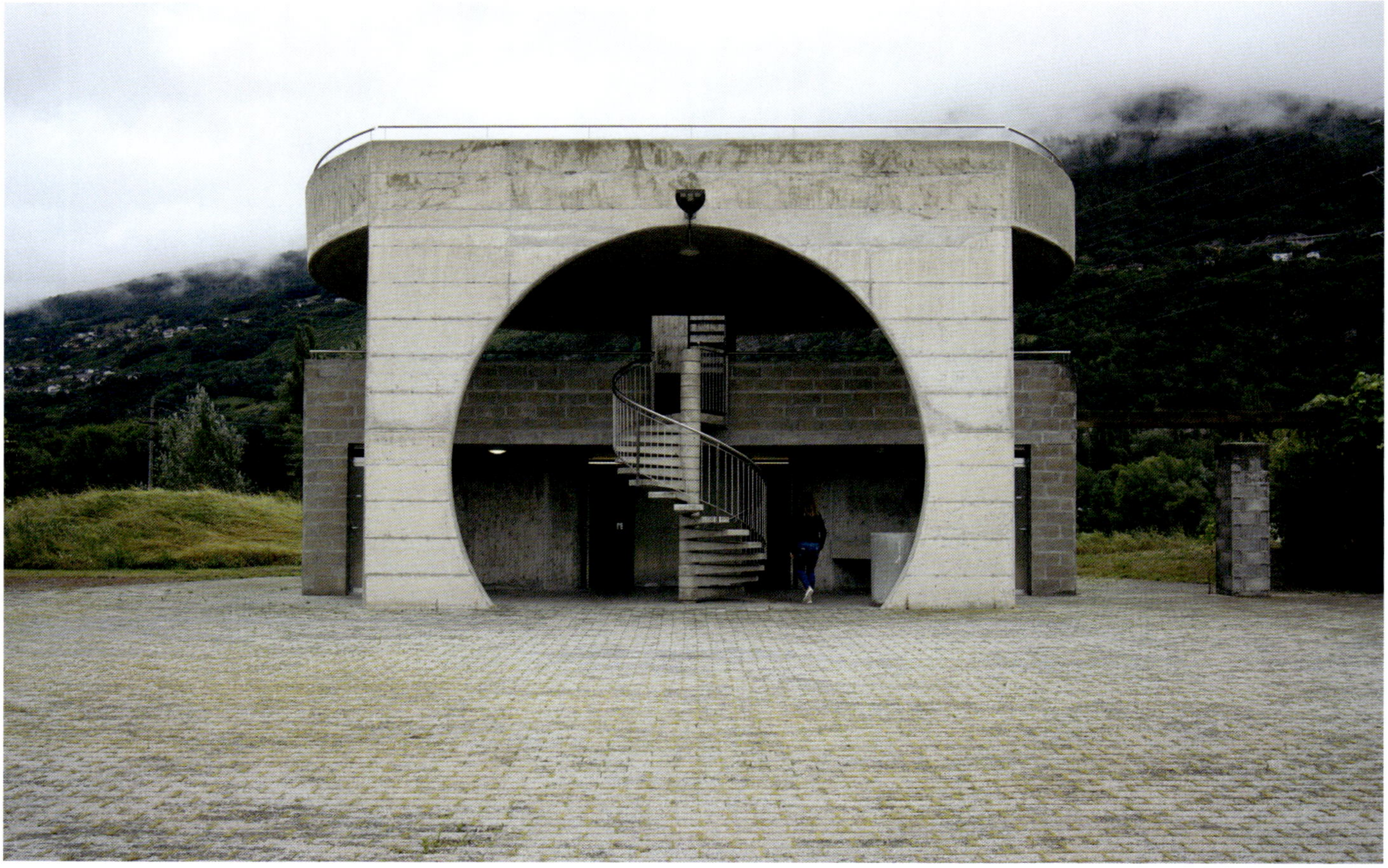

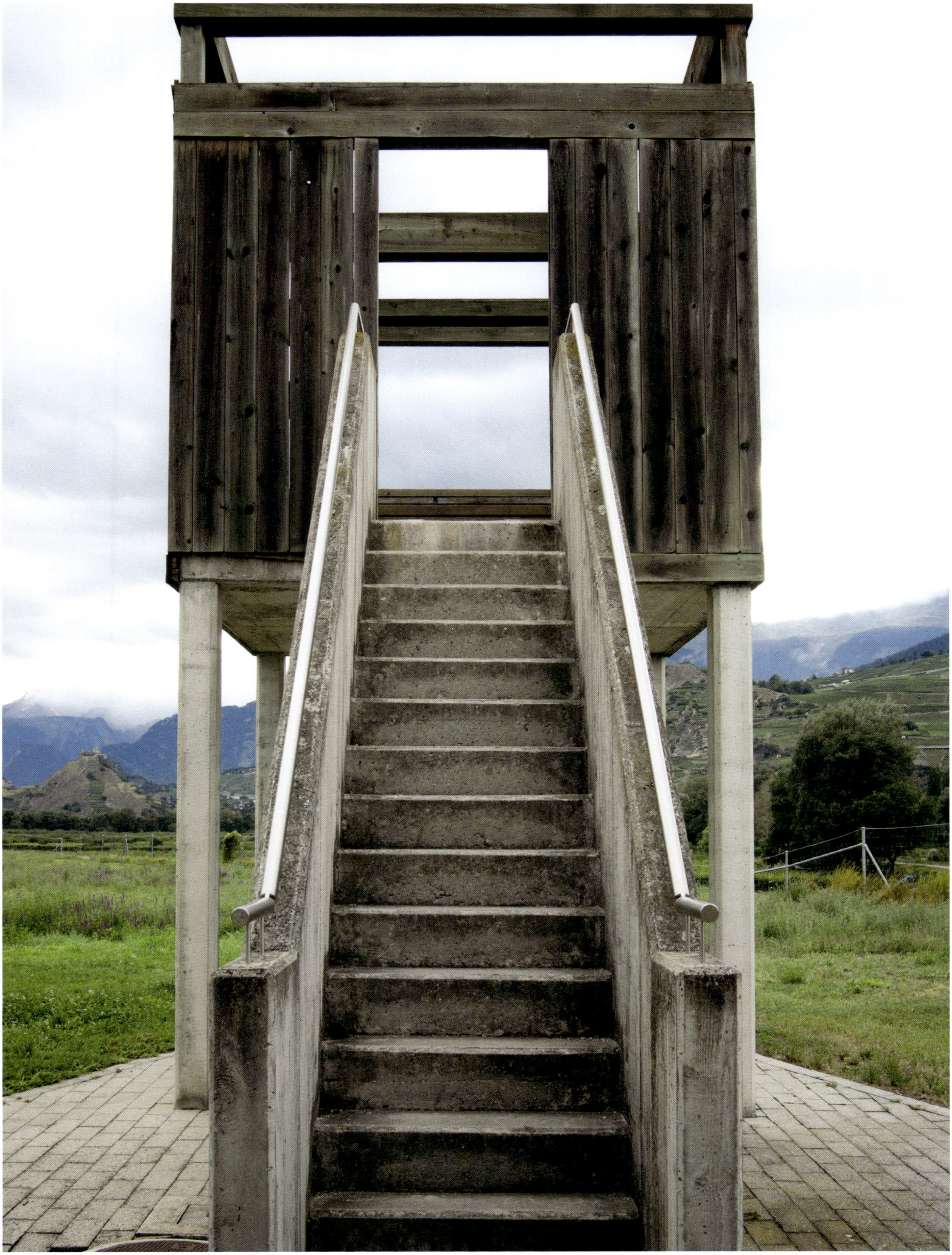

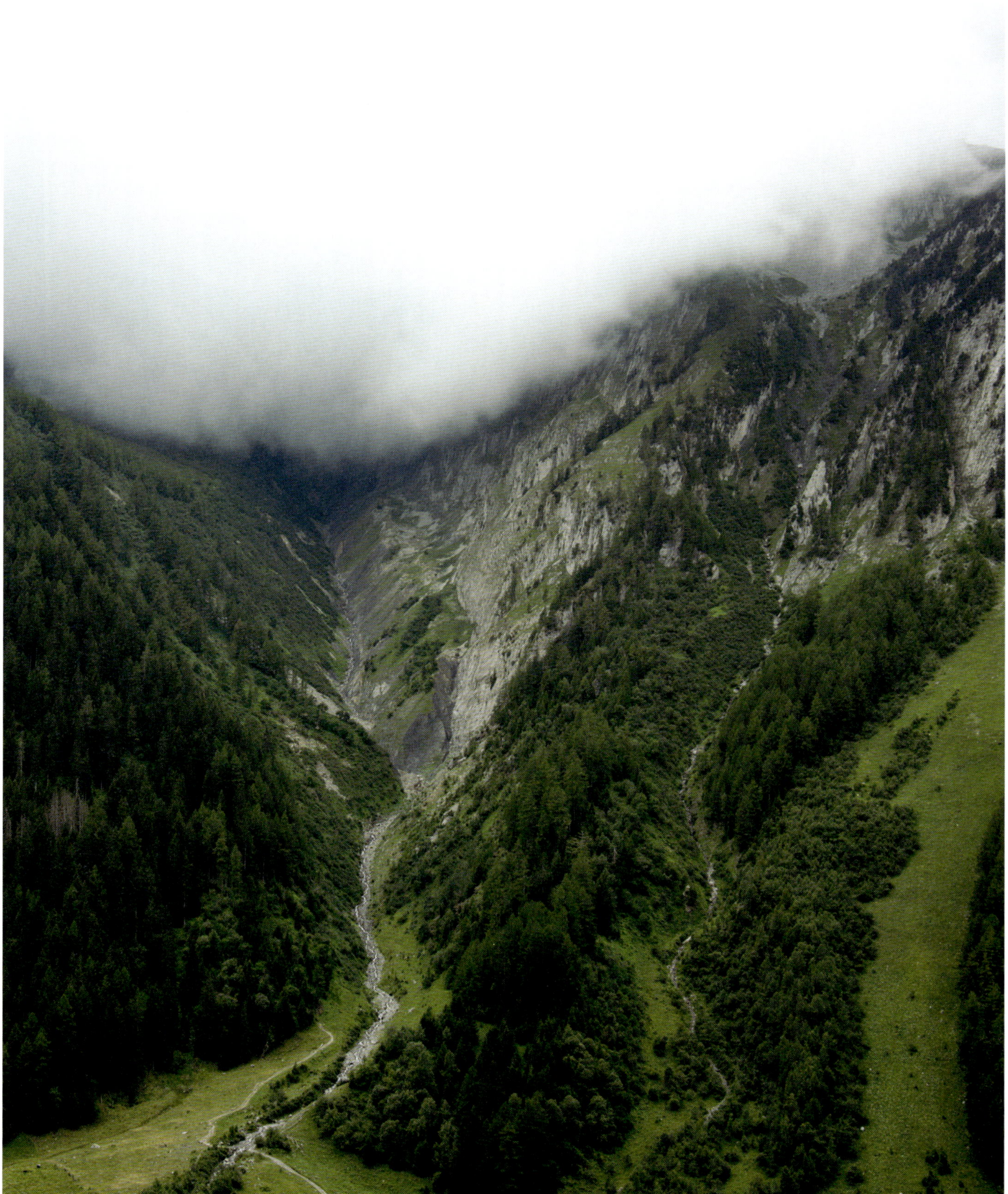

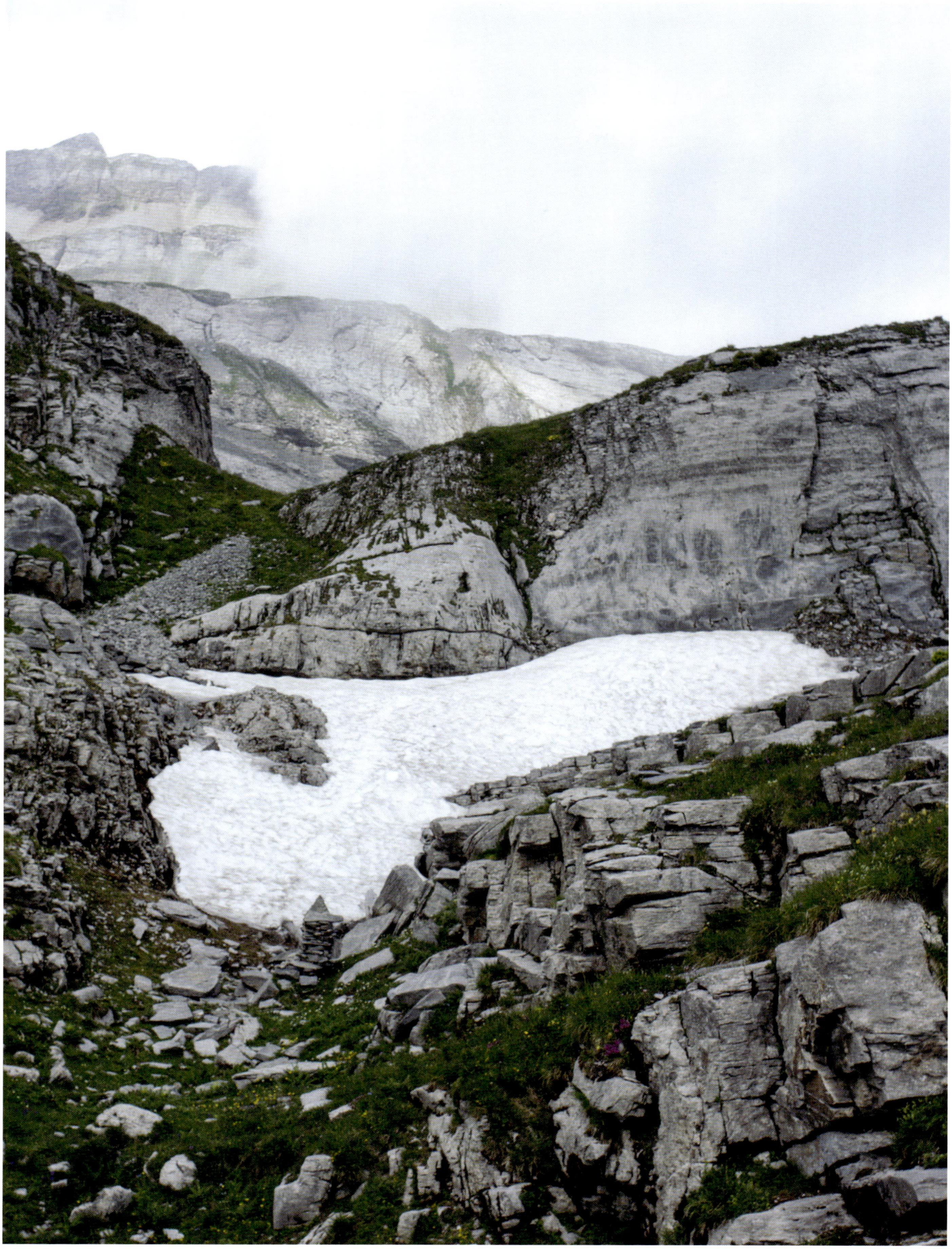

„Ein kleiner Teil der großen Antennen in Leuk wird vom Eidgenössischen Departement für Verteidigung genutzt, ein größerer von einer privaten Firma, die sich im Besitz eines großen US-Unternehmens befindet." www.swissinfo.ch

"A small portion of the large antennae in Leuk is used by the Federal Department of Defence, a larger one by a private company owned by a major US corporation." www.swissinfo.ch

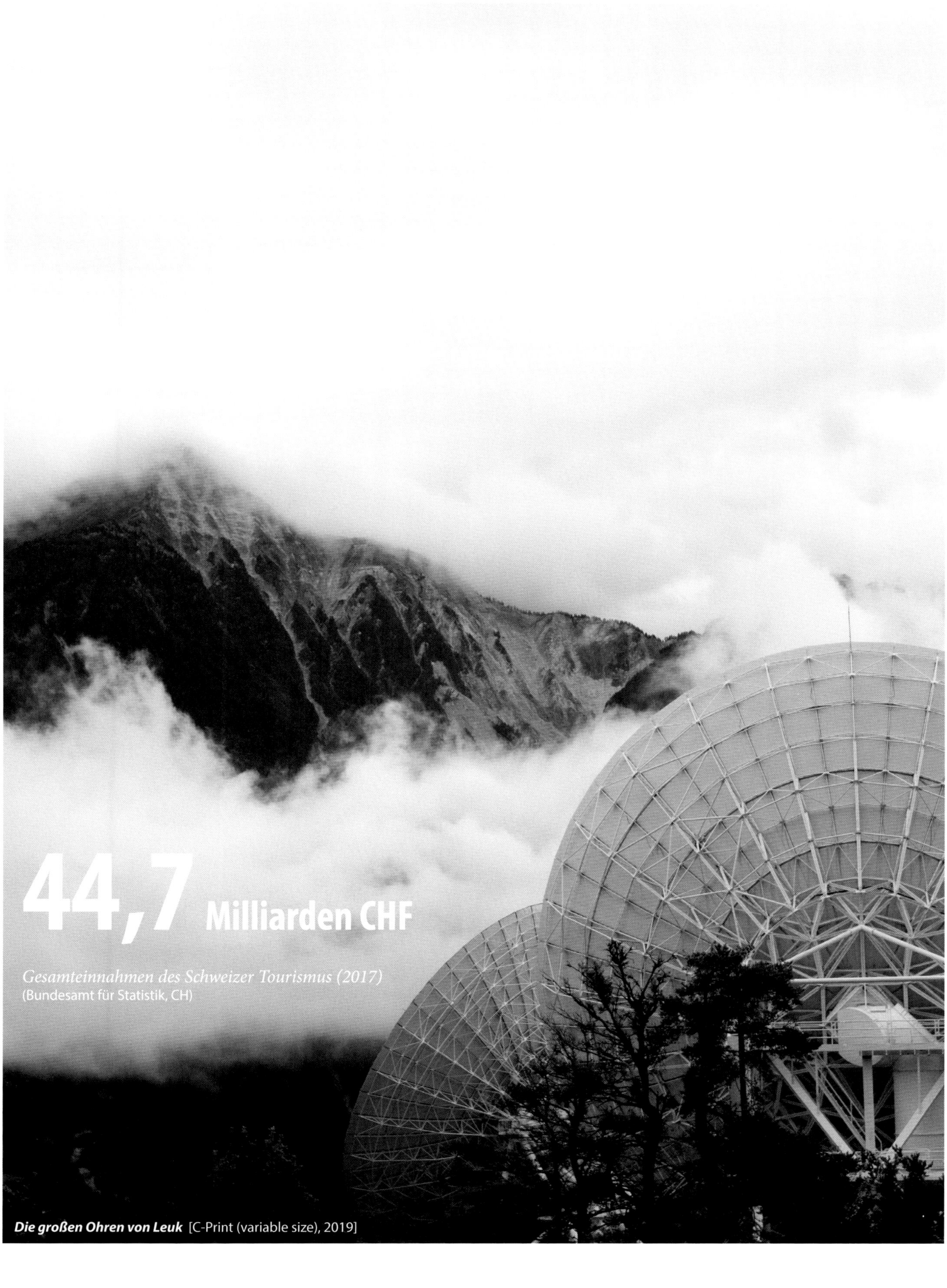

44,7 Milliarden CHF

Gesamteinnahmen des Schweizer Tourismus (2017)
(Bundesamt für Statistik, CH)

Die großen Ohren von Leuk [C-Print (variable size), 2019]

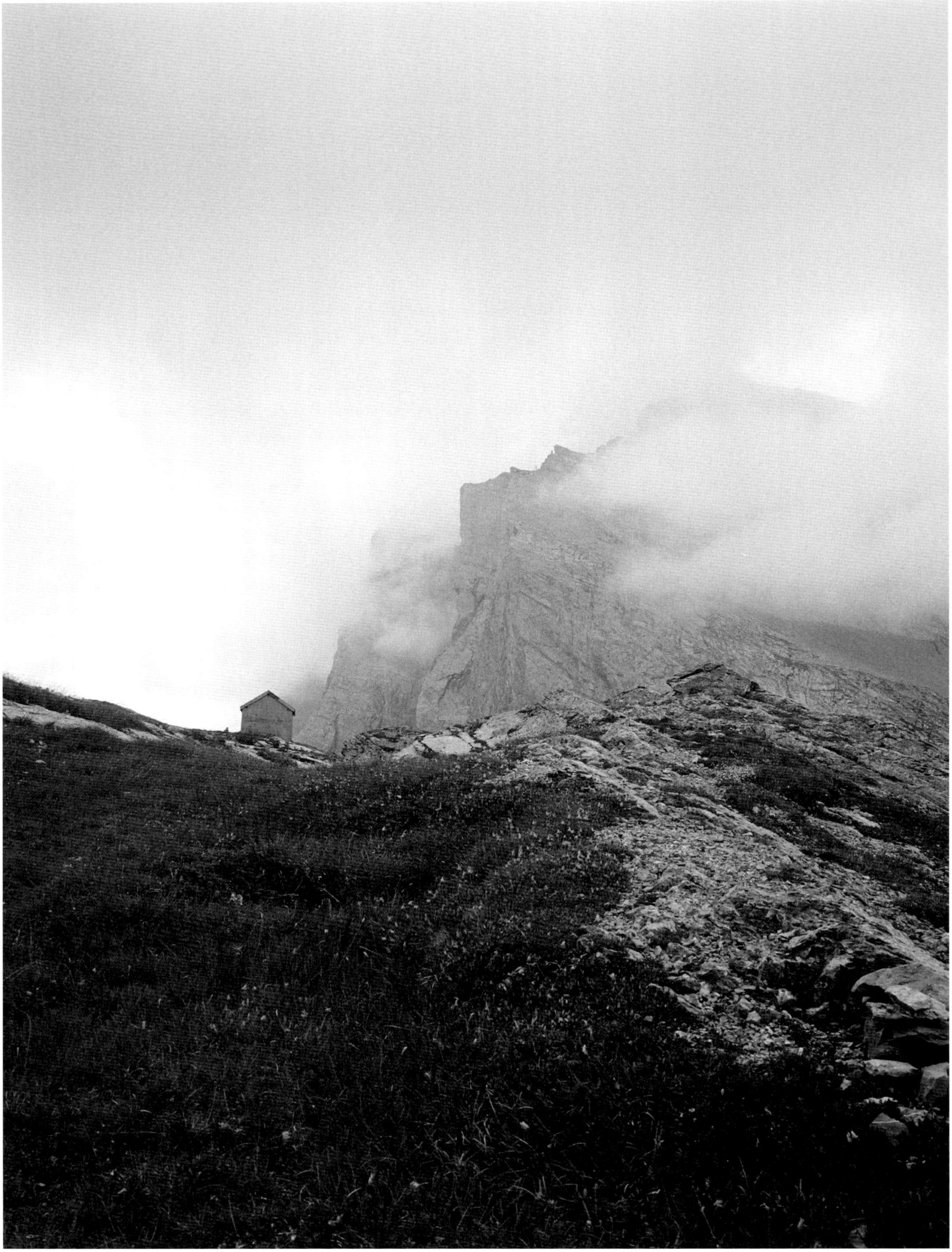

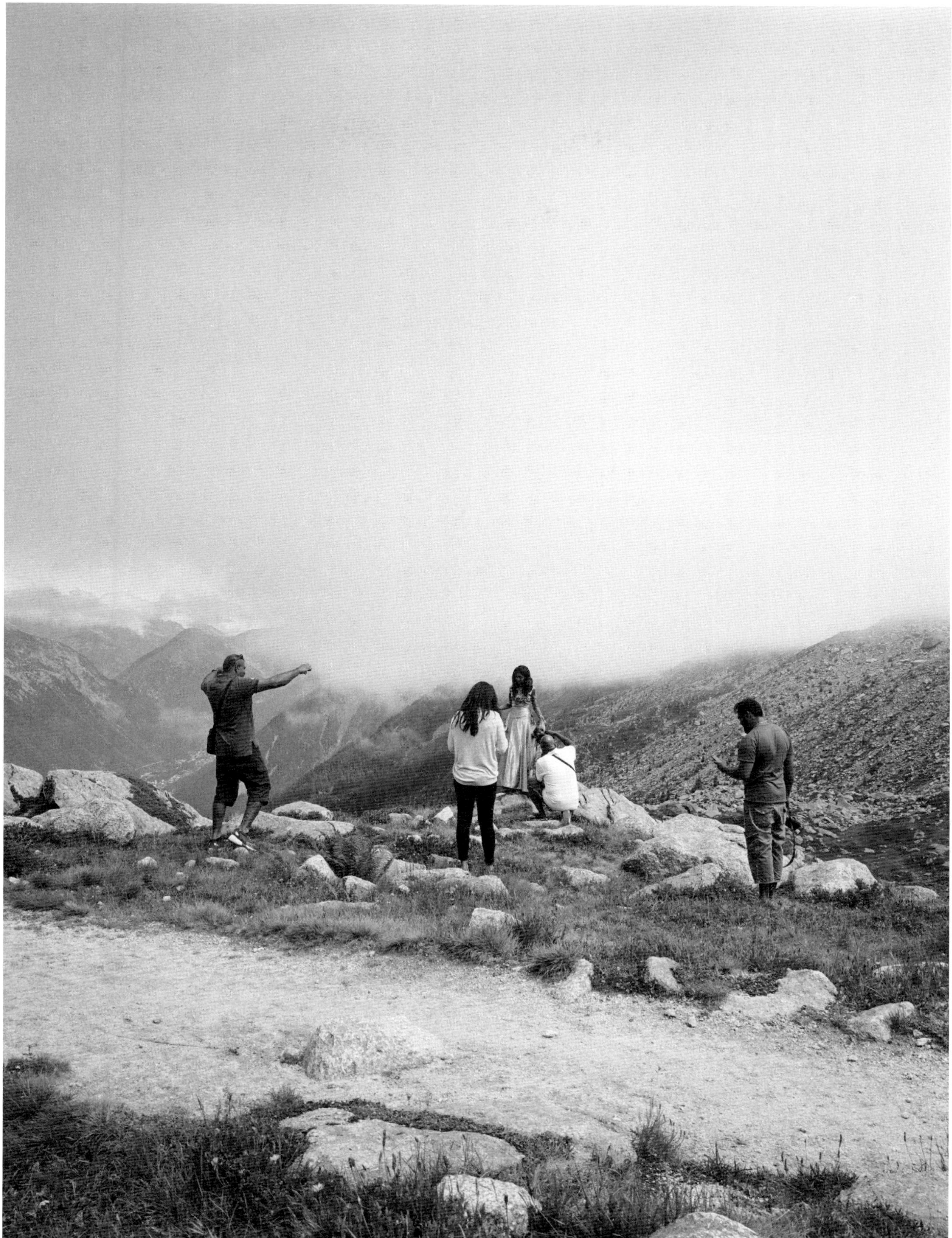

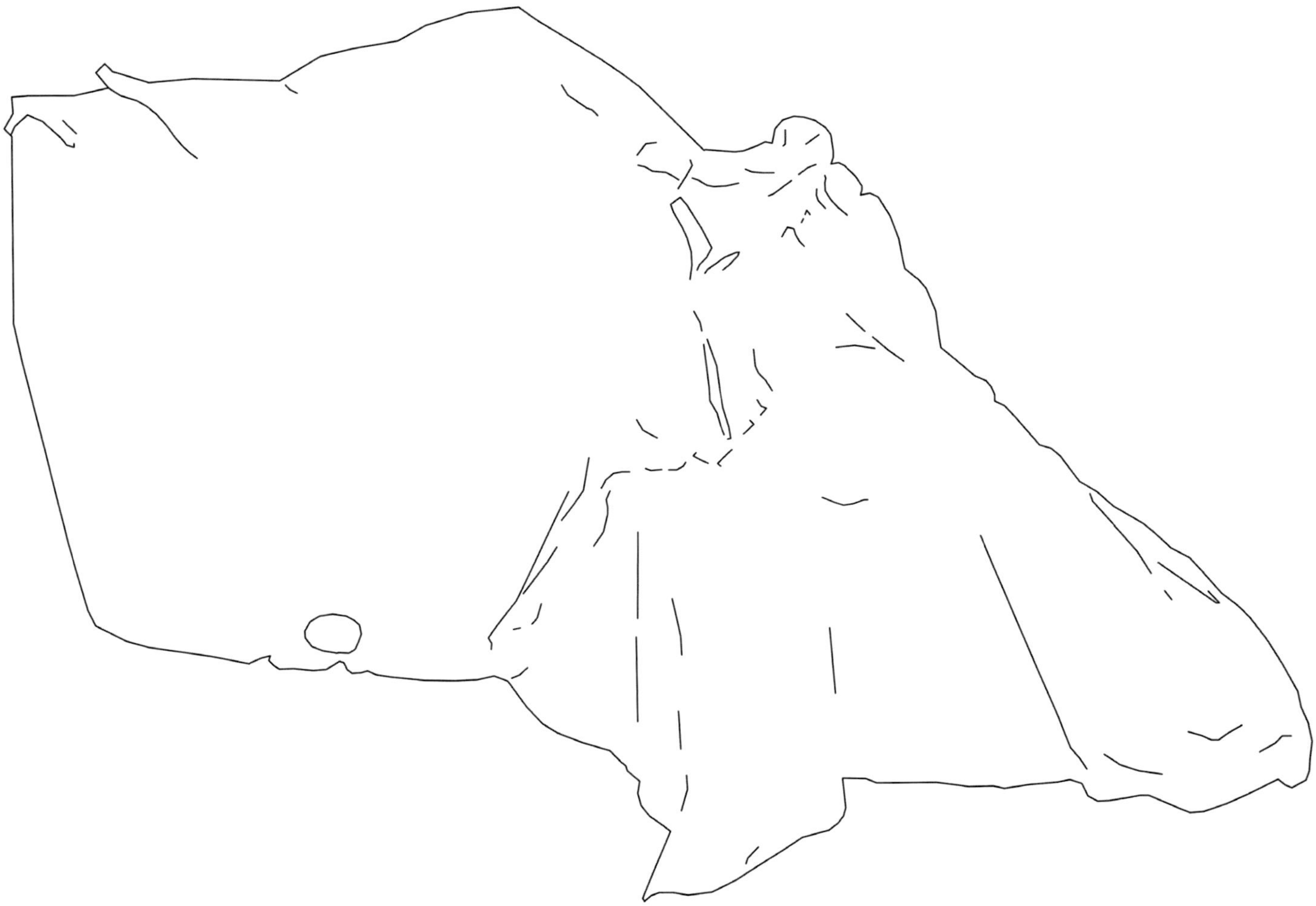

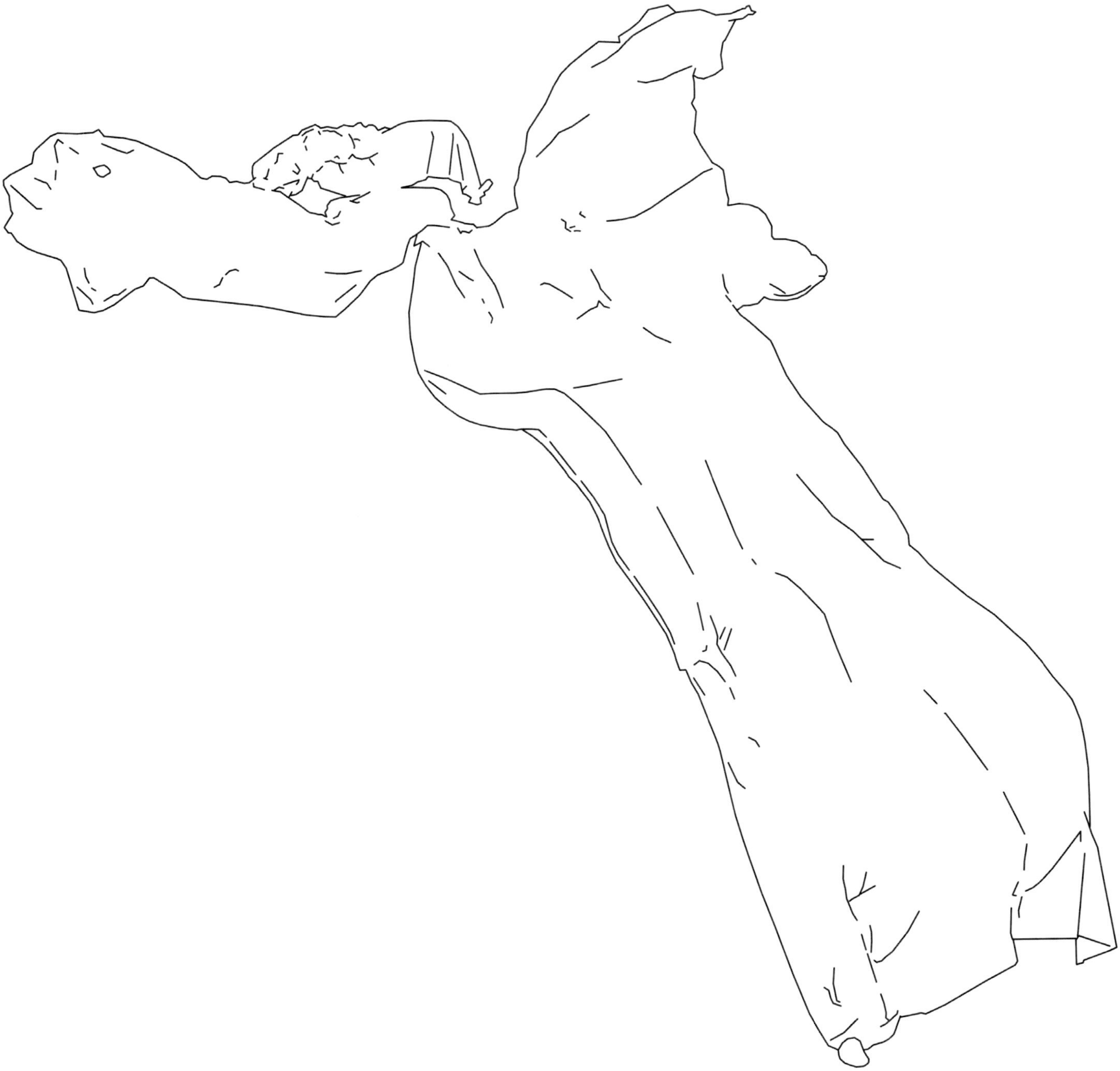

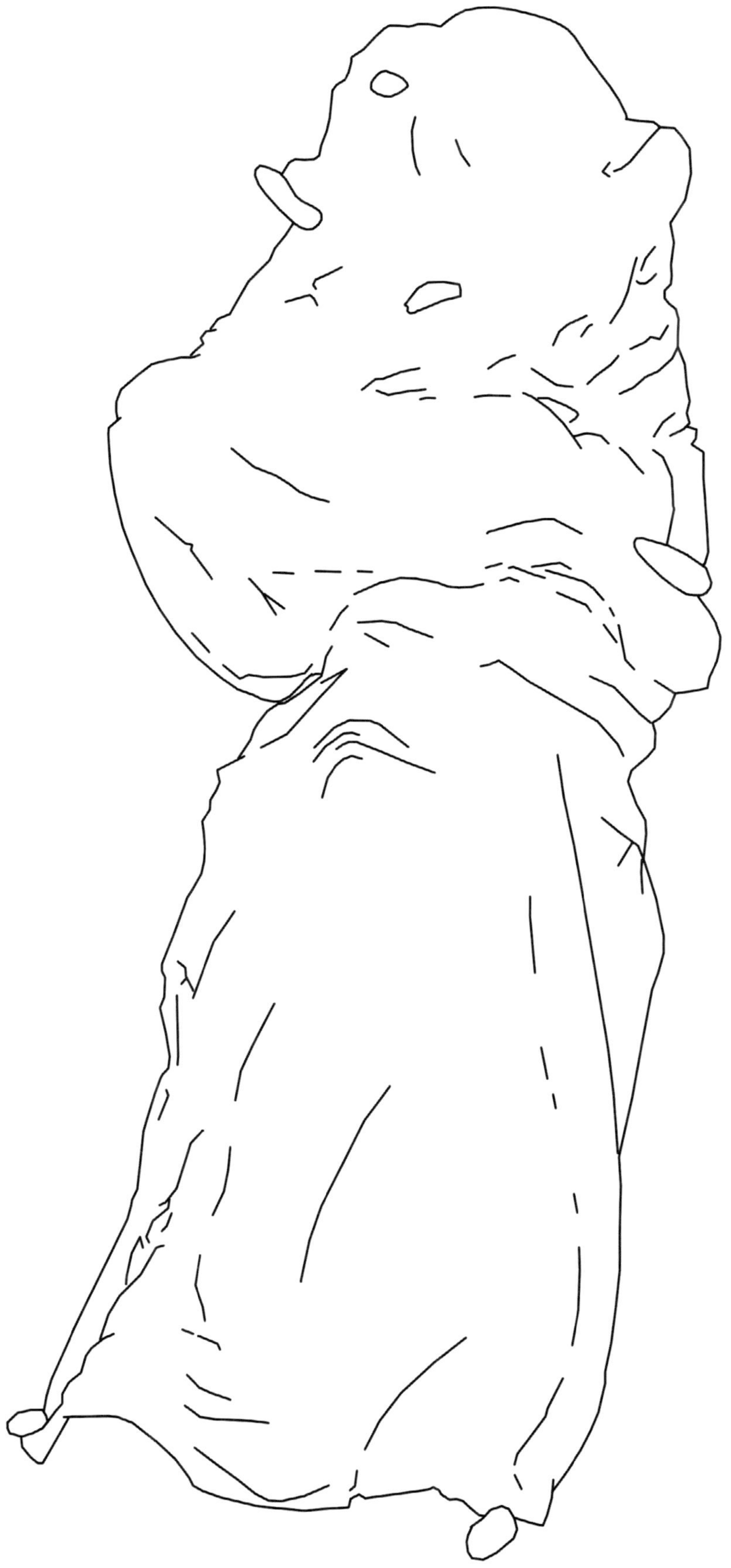

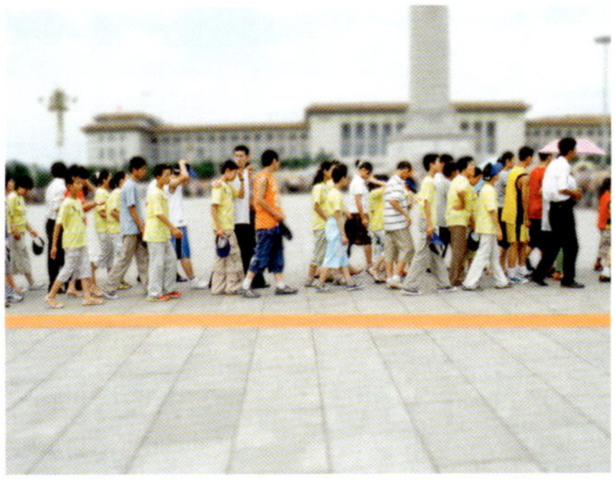

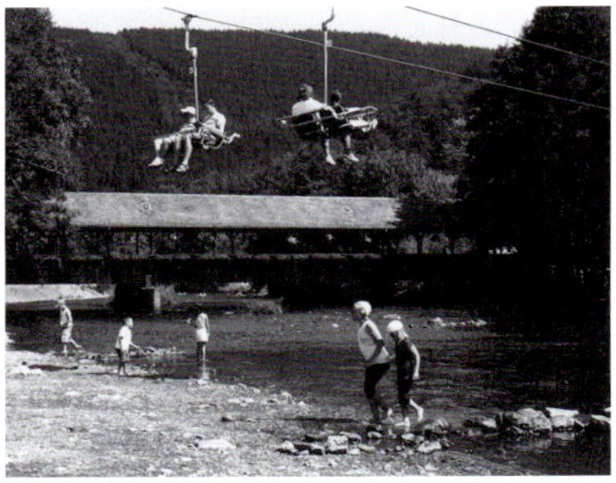

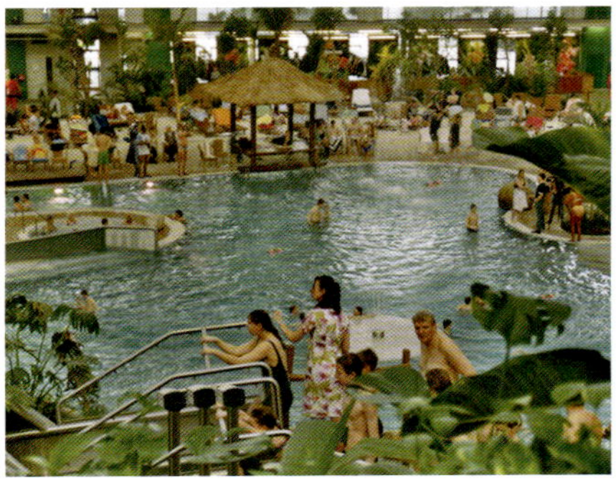

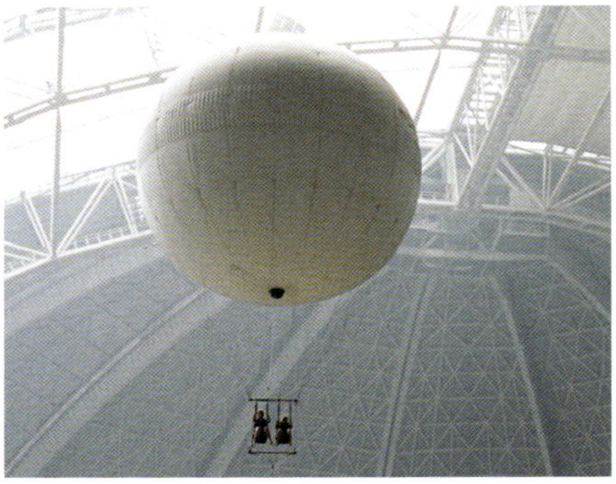

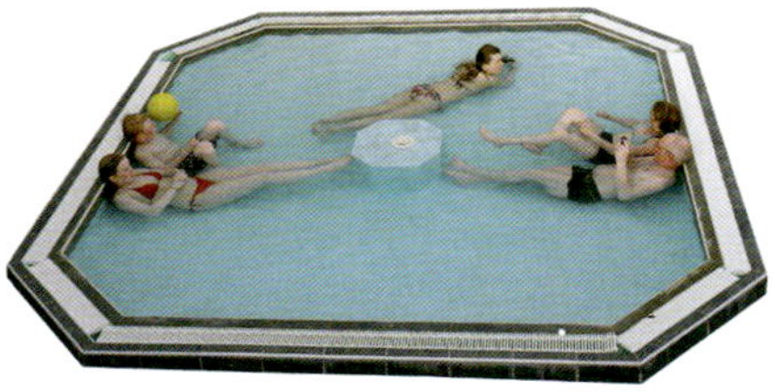

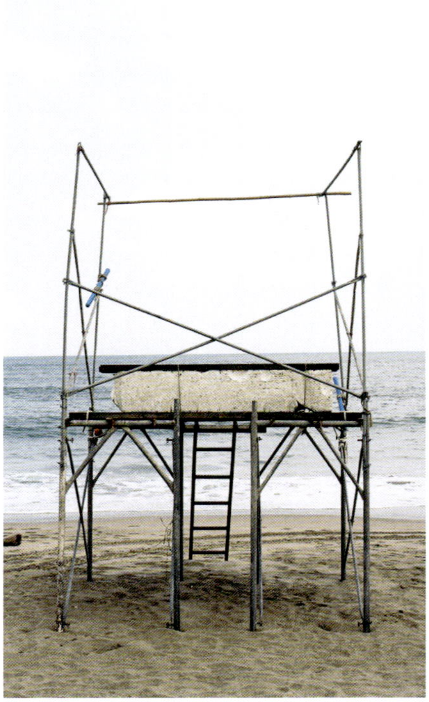

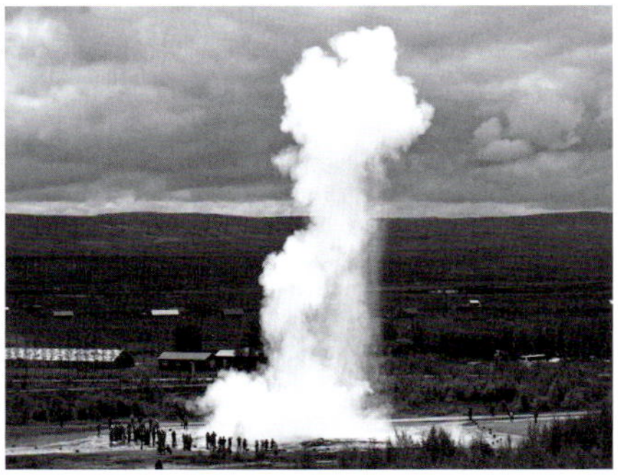

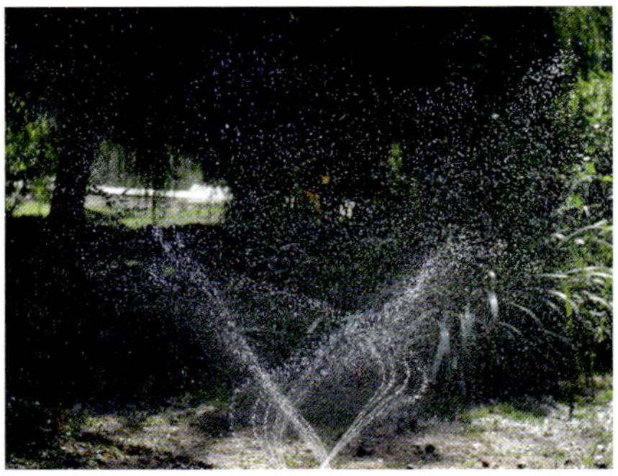

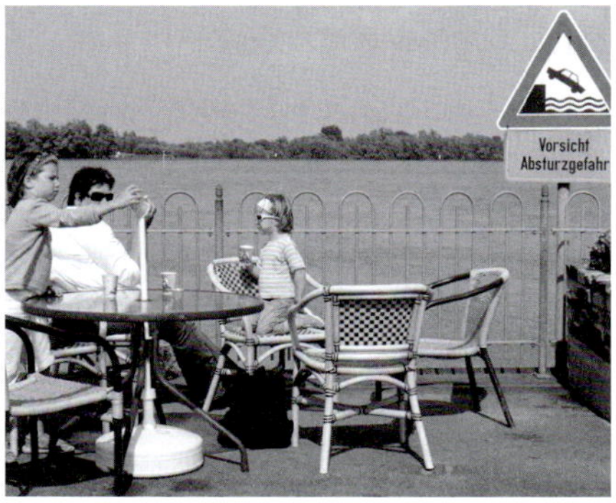

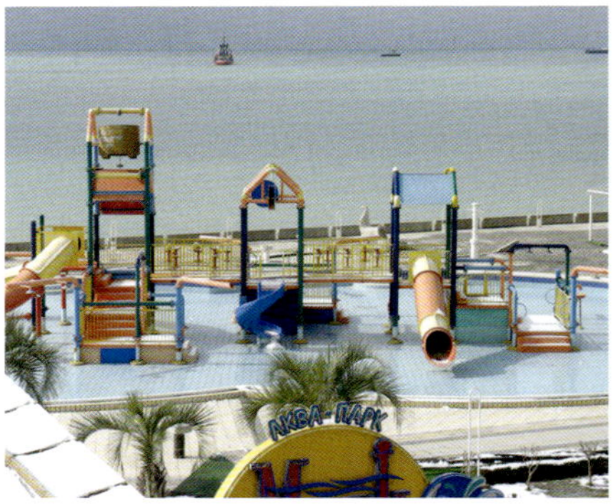

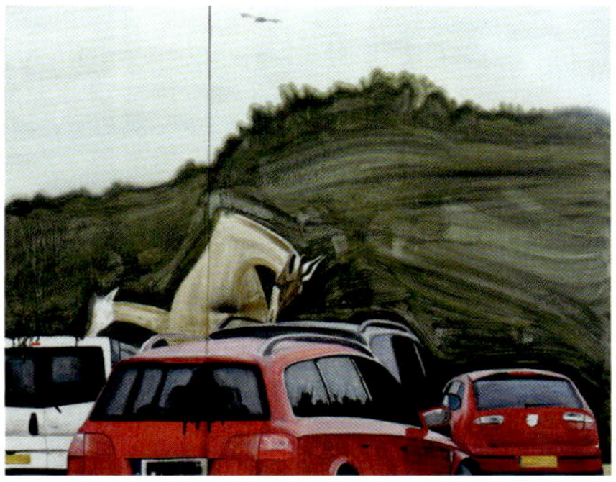

Stichproben_Arbeiten \ auf unterschiedlichen Bühnen

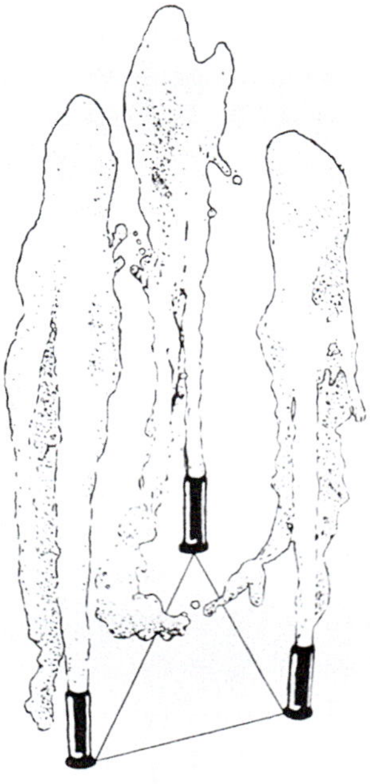

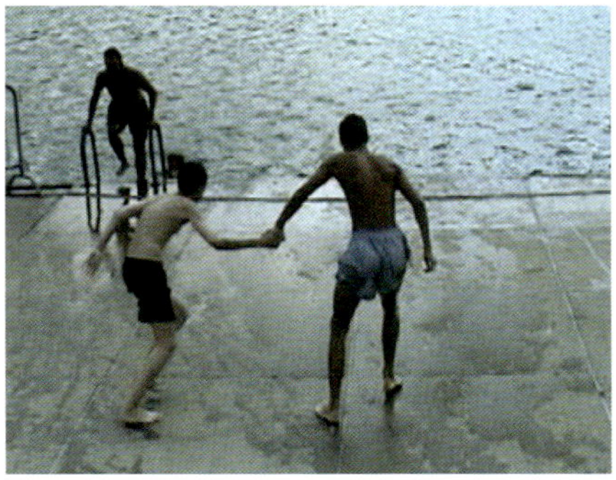

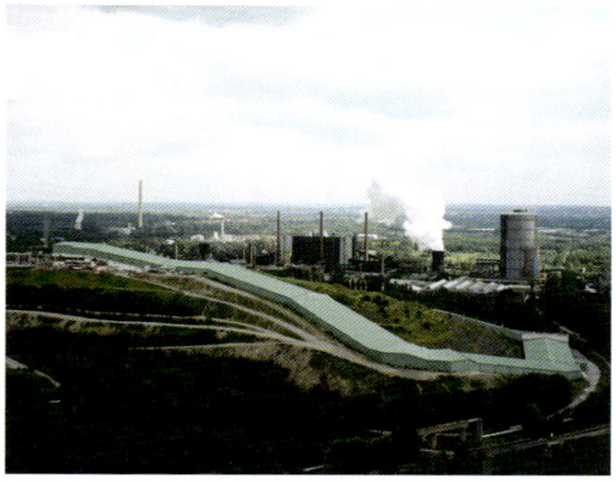
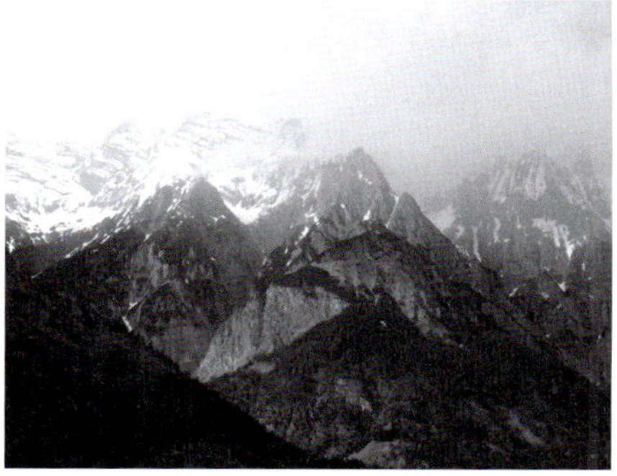
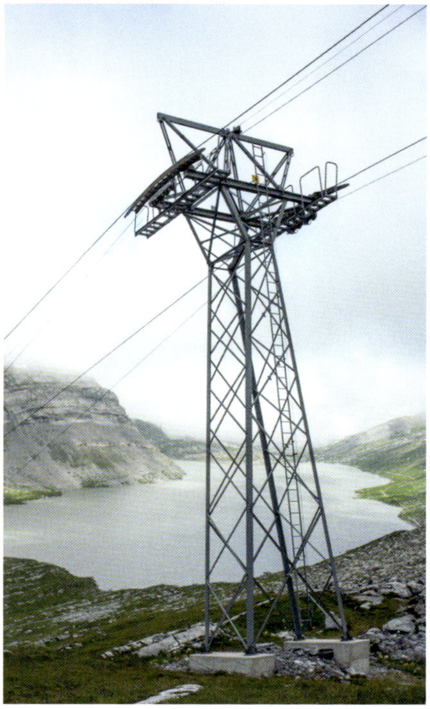
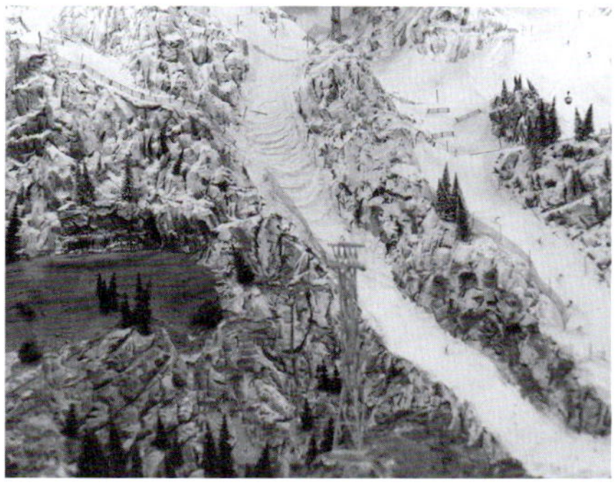
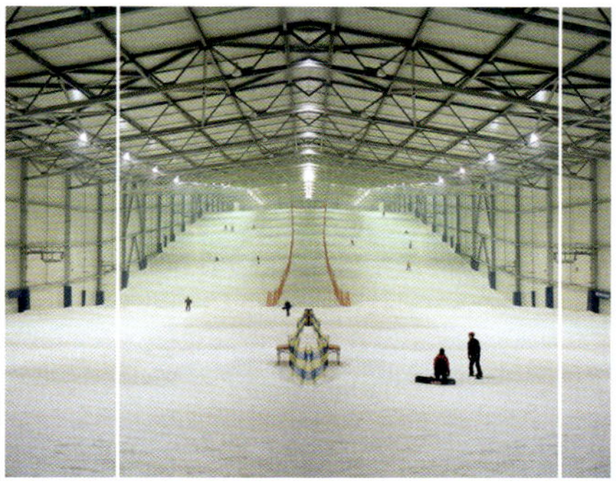
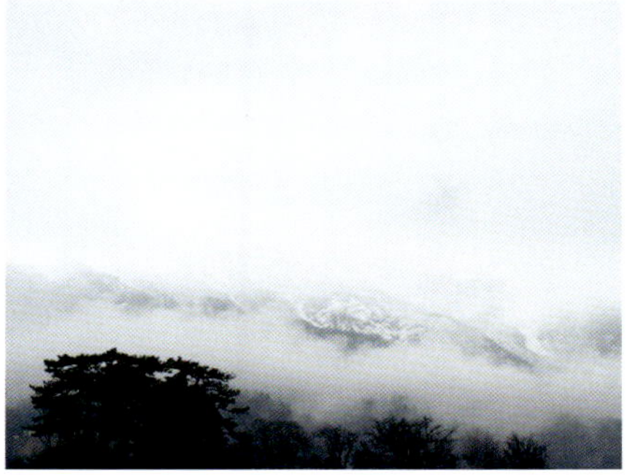
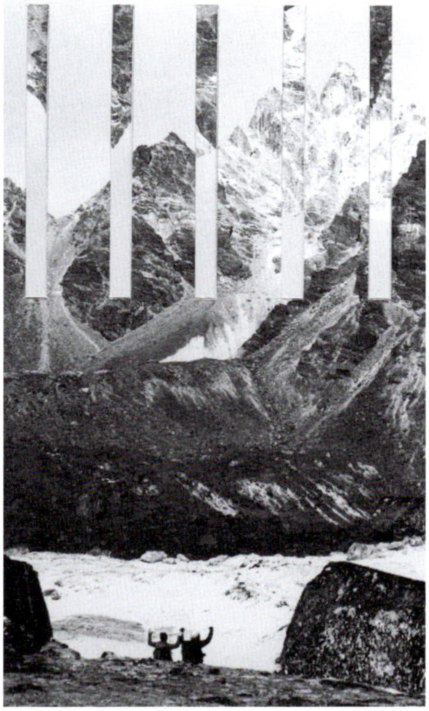
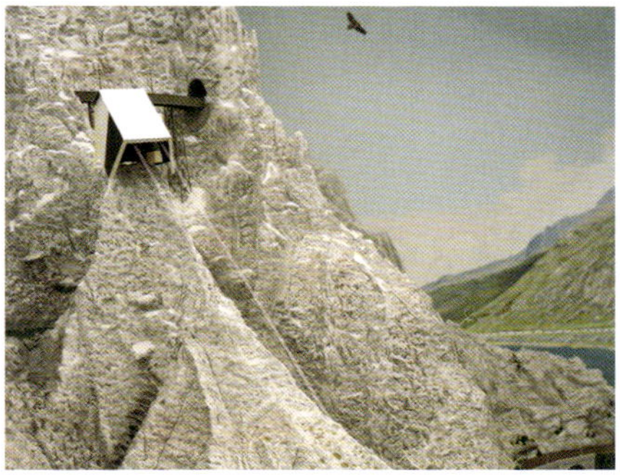
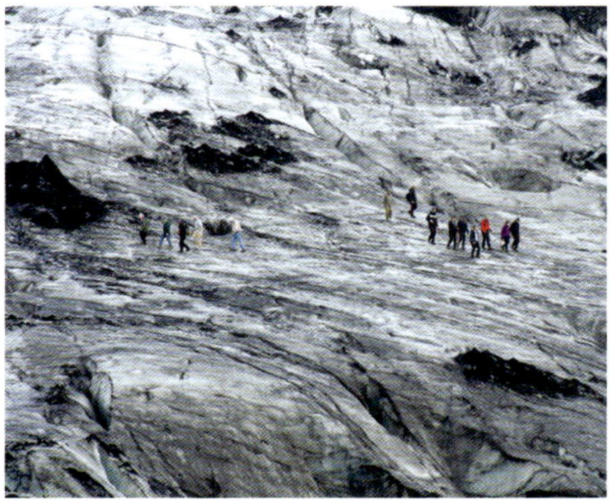
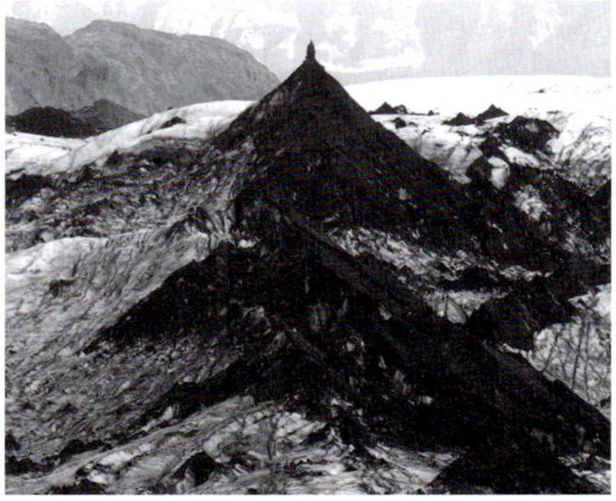
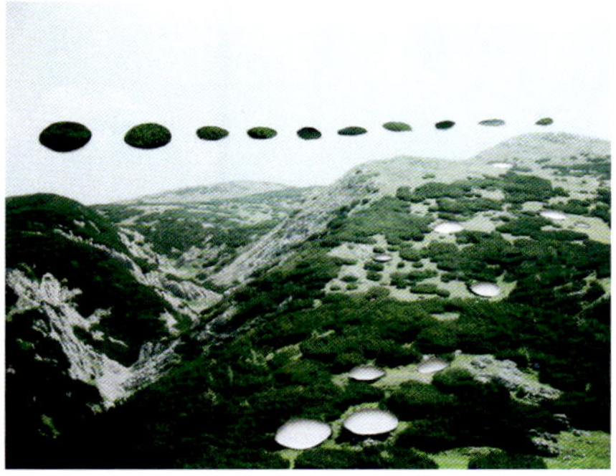
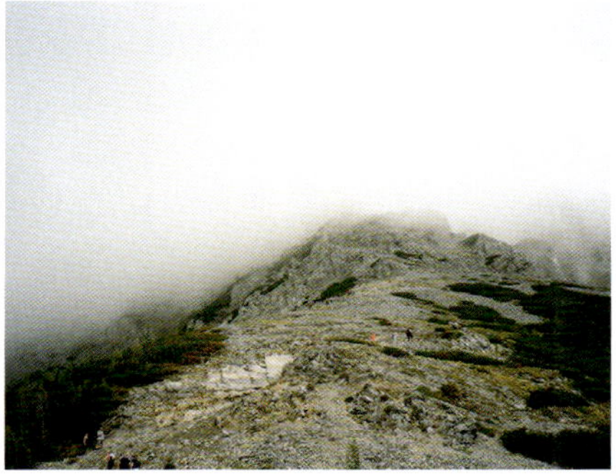

samples_works \ on different stages

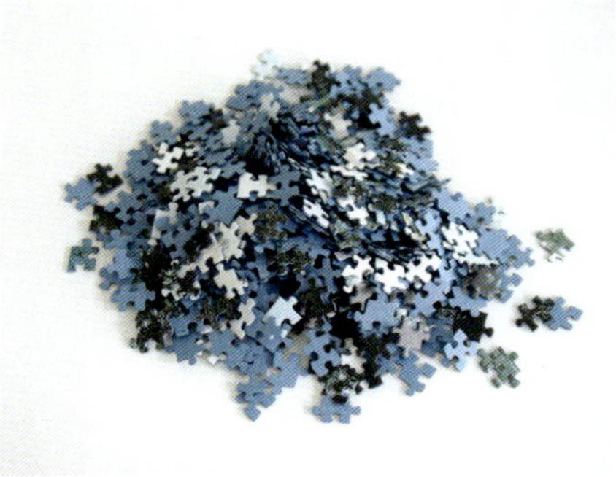

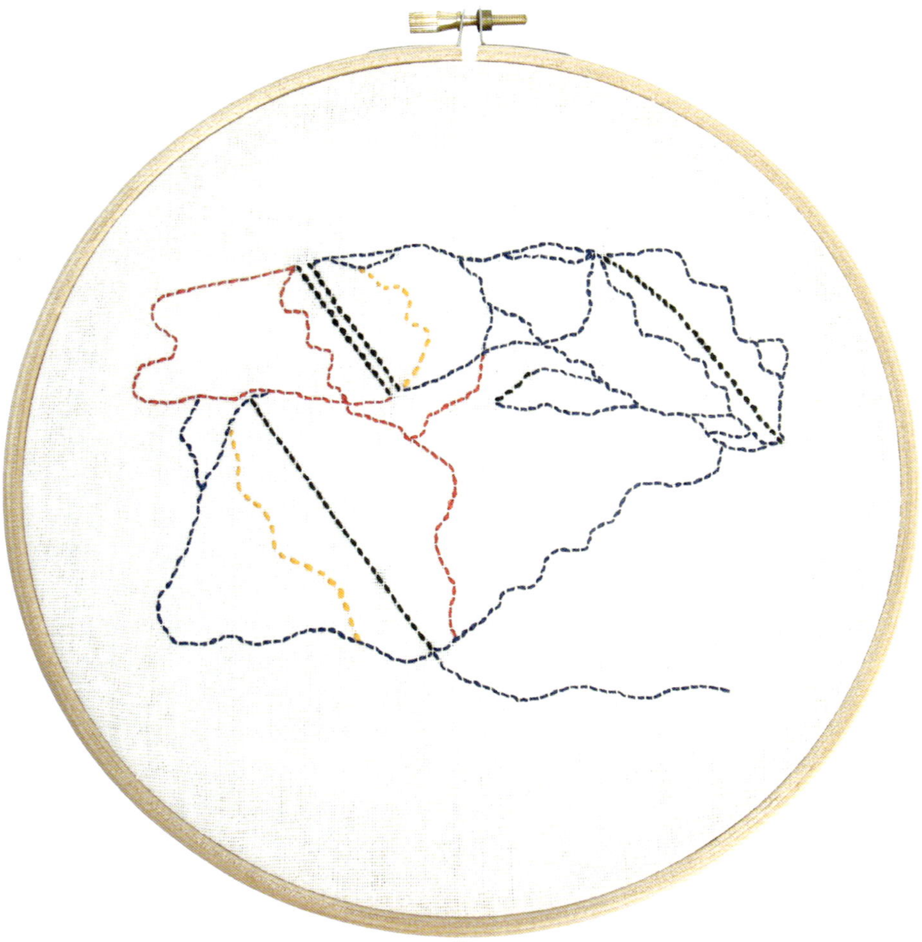

Unterberg. Part of ***SCHNEE VON GESTERN?*** [embroidery (20 x 20 cm), 2017]

Unsere Welt verändert sich. Das war wohl schon immer so, doch im globalen Wandel des 21. Jahrhunderts läuft dennoch etwas anders: Die Menschheit ist zum ersten Mal an einem Punkt angelangt, an dem ihr Einwirken auf die Erde derart invasiv, manipulativ und andauernd ist, dass sich natürliche Abläufe auf globaler Ebene eigendynamisch zu verändern beginnen. Diese Entwicklung hat sich seit der Industrialisierung angebahnt und wurde durch das rasante Wachstum von Industrie, Wirtschaft, Mobilität und Bevölkerung weiter fortgesetzt. Aufgrund des umfangreichen Ausmaßes der menschlichen Einflüsse, deren Folgen zum Teil bereits unabwendbar und unumkehrbar geworden sind, nennt man die aktuelle erdgeschichtliche Epoche im wissenschaftlichen Diskurs auch das Anthropozän.

Mensch und Raum

Mit den Entwicklungen im Anthropozän und dem vom Menschen verursachten globalen Wandel geht auch die massive Veränderung der Lebens- und Landschaftsräume auf der Erde einher. Das Einwirken des Menschen auf den Raum und auf die räumliche Entwicklung hat sich in den vergangenen Jahrzehnten durch globale Trends wie etwa die voranschreitende Urbanisierung oder das ausufernde Mobilitätsverhalten deutlich verstärkt. In Österreich geht die zunehmende Inanspruchnahme von Raum für Siedlungs- und Infrastrukturmaßnahmen tendenziell auf Kosten von Landschaftsräumen und natürlich gewachsenen Böden. Österreich ist ein kleines, mittlerweile intensiv genutztes Land, das heute nur noch wenige unberührte und unbewirtschaftete Naturlandschaften aufweist.

Eine übermäßige Inanspruchnahme von Raum gefährdet das Gleichgewicht zwischen Natur- und Kulturräumen und in der Folge unserer Lebensbedingungen und Lebensqualität. Mit dem ansteigenden Bedarf touristischer Nutzungsansprüche wirken Menschen, wenn auch oftmals indirekt, aber dennoch zunehmend invasiv auf ihre Lebens- und Landschaftsräume. Der scheinbare Bedarf nach Gewerbe-, Wirtschafts- und Wohnraum und der immer intensiver stattfindende Tourismus machen infrastrukturelle Eingriffe notwendig. Diese Eingriffe können Öko- und Soziosysteme aus dem Gleichgewicht bringen und wirken in starkem Maße auf das Landschaftsbild.

Landschaftsbasierte Tourismuswirtschaft

Landschaftsräume sind nicht nur Lebensräume und Träger von artenreichen und stabilen Ökosystemen, sie stellen auch die Grundlage unserer Wirtschaftssysteme dar. Bauliche und infrastrukturelle Tätigkeiten, die Land- und Forstwirtschaft, der qualitätsvolle Tourismus, aber auch die Rohstoff- und Energieproduktion, all das findet in der Landschaft statt. Für ein ertragreiches, nachhaltiges Funktionieren der Wirtschaft braucht es daher auch gesunde und intakte Landschaftsräume als Basis.
Der österreichische Tourismus stellt einen wertvollen Bestandteil des anhaltenden Wirtschaftsaufschwungs dar. Hiesige Tourismusbilanzen erleben seit vielen Jahren einen kontinuierlichen Zuwachs. Das liegt nicht nur an der Beliebtheit Österreichs, sondern insbesondere an den steigenden Reisemöglichkeiten der breiten Masse.
Vor allem der wirtschaftliche Aufschwung Asiens verursacht einen Tourismuszuwachs, der auch hierzulande spürbar ist. In Österreich wurden 2018 bereits fast 45 Millionen ausländische Besucher*innen registriert – zehn Jahre zuvor waren es noch knapp 33 Millionen.

Tourismusräume sind Lebensräume

Diese Entwicklung ist erfreulich, immerhin stellt eine florierende Wirtschaft die Basis unseres nationalen Wohlstandes dar und Tourismus kann zahlreiche positive Folgeeffekte auslösen, etwa periphere Regionen wirtschaftlich aufzuwerten und dringend notwendige Arbeitsplätze zu schaffen.
Doch gerade der massentouristische Zuwachs hat auch seine Kehrseiten. Tourismusräume sind immer auch Lebensräume für Einheimische, Tiere und Pflanzen.
In Österreich spielt der landschaftsbasierte Tourismus, neben herkömmlichen wirtschaftlichen Landnutzungen, eine erhebliche Rolle für die heimische Raumentwicklung. Zwar geben die Alpen natürliche Entwicklungsgrenzen vor, doch gerade im alpinen Raum werden Siedlungs- und Nutzungsgrenzen meist zugunsten des Tourismus strapaziert, und auch im hochalpinen Bereich ist der Massentourismus längst angekommen. Fast ebenso rasant entwickeln sich die Zuwächse im Hügel- und Flachland, besonders rund um die großen Badeseen und in den traditionellen Sommerfrische-Regionen Österreichs.
Eine Überwirtschaftung der Landschaft durch den Tourismus kann negative gesellschaftliche, kulturelle und ökologische Nebeneffekte auslösen. So werden etwa in beliebten Tourismusgebieten Grundstücke um absurde Summen, für Einheimische oftmals unerschwinglich, verkauft oder Landschaften durch bauliche oder infrastrukturelle Eingriffe oder durch überbordende touristische Nutzungen zunehmend zerstört. Die erschwerte öffentliche Nutzbarkeit von Seeuferbereichen durch Privatisierung ist ein ebenso ernst zu nehmendes Problem wie die durch Zweitwohnsitze verursachte Leerstandsproblematik, die in den beliebten Sommer- und Winterdestinationen zu einem Wechsel aus Geisterstadt-Ambiente und hauptsaisonalen Massenanstürmen führt. Diese Entwicklungen belasten nicht nur die einheimische Bevölkerung, die mancherorts unter dem Tourismus mehr leidet, als von ihm wirtschaftlich zu profitieren.
Die baulichen und infrastrukturellen Eingriffe und die Übernutzungen führen vor allem auch zu verfälschten Landschafts- und entfremdeten Lebensräumen, zu manipulierten oder gar zerstörten Ökosystemen und zu Umweltbelastungen durch ein erhöhtes oder fahrlässiges Nutzungs-, Müll- und Verkehrsaufkommen.

Nachhaltiger Tourismus schützt die Landschaft

Gerade die umweltbezogenen Schutzgüter Boden, Wasser, Klima, Luft, Arten und Lebensräume sind vor übermäßig intensiven Bau- und Infrastrukturtätigkeiten und touristischen Belastungen zu bewahren.

Schutzmaßnahmen, etwa durch Ausweisung von Natura-2000-Gebieten, von schützenswerten Natur- oder Kulturerbestätten oder von Nationalparks wirken negativen Entwicklungen entgegen. Doch in Gebieten ohne Schutzstatus fehlen oftmals gesetzliche Regulative und langfristige Entwicklungsstrategien. Auch fehlende Rückbauverpflichtungen, etwa von alten Gewerbegebäuden, Ski-Liften oder Ähnlichem, lassen das bauliche Voranschreiten und neue Baumaßnahmen doppelt schwer wiegen. Verträglichkeitsprüfungen, die vonseiten der Landschaftsplanung durchgeführt werden, können auf Basis fachlicher Beurteilungen Entwicklungsmöglichkeiten festlegen und planlose und ungeregelte Eingriffe verhindern. Da Raumordnung und Bodenschutz in der Kompetenz der Bundesländer liegen, gibt es in Österreich aktuell sehr unterschiedliche Entwicklungsqualitäten.
Österreich – das Land, das so stolz auf seine schöne, gesunde Landschaft und die verträgliche Landwirtschaft ist – verliert im Schnitt der letzten drei Jahre jeden Tag rund zwölf Hektar an neu genutzter Fläche für Bauland und Infrastruktur, das entspricht 16 Fußballfeldern täglich.

Die intakte Umwelt, die Landschaft, unsere ökosystemischen Lebensräume sind Voraussetzung für ein zukunftsfähiges Wirtschafts- und gesundes Gesellschaftswachstum und somit in höchstem Maße schützens- und erhaltenswert. Die Bedeutung der österreichischen Landschaft als gesellschaftlicher, kultureller, ökologischer und ökonomischer Grundwert ist von unschätzbarem Wert. Zukunftsfähiges Wirtschaftswachstum muss sich daher künftig noch klarer an den Zielen einer nachhaltigen Entwicklung orientieren, das gilt auch für den Tourismus.

Landschaft: Spiegel der Gesellschaft

Wie die Landschaft aussieht und wie sich Landschaftsräume entwickeln, ist eng mit dem menschlichen Verhalten verknüpft und basiert auf den unterschiedlichen Werthaltungen und Bedürfnissen einer Gesellschaft. Landschaft ist immer ein untrügliches Bild, das unser persönliches wie gesellschaftliches Handeln widerspiegelt. Urbane, aber auch rurale Landschaften geben bereits jetzt deutliche physische, öko- und soziosystemische Veränderungen durch menschliche Einflüsse im globalen Wandel wieder.

Als kleines Land ist Österreich besonders gefordert, mit den Ressourcen Boden und Landschaft sorgsam umzugehen. Doch das Bevölkerungswachstum, die Industrialisierung, die Energiewende und der steigende Lebensstandard in einem der reichsten Länder der Welt zehren an diesen Ressourcen. Einen wichtigen Lösungsansatz stellt die Multifunktionalität von Räumen dar. Das Ziel einer nachhaltigen Landschaftsentwicklung muss daher künftig noch stärker sein, möglichst viele oder sogar alle Ansprüche und Anforderungen bestmöglich abzubilden. Dabei gilt, vor allem öffentliche Interessen immer vor der Nutzung und übermäßigen Bereicherung Einzelner zu reihen. Die Landschaftsplanung kann mittels zeitgemäßer Instrumente und Methoden Mehrfachnutzungen und sogar Nutzungssynergien herstellen und Nutzungskonflikte sachgerecht, rechtskonform und demokratisch lösen. Nur abgestimmte und sensibel gesetzte Eingriffe, ein angemessener Raumverbrauch und die sinnvolle Abstimmung von Natur- und Kulturlandschaften resultieren in einer auf Dauer qualitätsvollen österreichischen Landschaft als Lebens- und Wirtschaftsraum.

Schwache Umweltpolitik

Doch noch ist die Realität der Raumentwicklung eine andere. Die Forderung nach einem nachhaltigen Entwicklungsstil und nach klaren Grenzen des Wachstums, insbesondere, was den Tourismus anbelangt, scheint in Österreich nicht zur Gänze angekommen zu sein.
Das beweist auch der Anfang 2019 vom Bundesministerium für Nachhaltigkeit und Tourismus veröffentlichte „Masterplan für Tourismus – Plan T". Im Zentrum des Strategiepapiers steht unverkennbar die Weiterentwicklung des Wirtschaftszweigs Tourismus. Zwar wird der durchaus sinnvolle Anspruch in den Raum gestellt, nicht nur die Wünsche des Gastes, sondern auch die Bedürfnisse der Unternehmer*innen, der Mitarbeiter*innen, der heimischen Bevölkerung und der Umwelt zu beachten sowie Österreichs intakte Natur und seine „schöne und vielfältige Landschaft" als wichtige Entwicklungsgrundlagen des Tourismus wertzuschätzen, doch auf entsprechende Schutzvorhaben oder geplante Maßnahmen wird nicht näher eingegangen. Der „Plan T" zeigt, ebenso wie die umstrittene Einführung des Standortentwicklungsgesetzes und wie zahlreiche weitere

fragliche politische Entwicklungen, eine klare Prioritätenreihung: Wirtschaftsbelange stehen auf der politischen Agenda vor dem Schutz der Umwelt. Für die österreichische Landschaft bedeutet diese schwache Umweltpolitik nichts Gutes. Solange umweltverantwortliche Politiker*innen nicht selbstbewusst und vorausschauend mit einem klaren Bekenntnis für Umwelt-, Natur- und Landschaftsschutz mutige Maßnahmen setzen, so lange wird es auch im Tourismus keinen Kurswechsel geben. Und so lange werden auch Tourismus-Treibende mit berechtigtem wirtschaftlichem Interesse Landschaftseingriffe auch weiterhin profitmaximierend und somit ausbeuterisch tätigen.

Zeitgenössische Kunst im Anthropozän

Die künstlerische Auseinandersetzung mit menschenverursachten, ökologischen und soziokulturellen Fehlentwicklungen und gesellschaftspolitischen Tendenzen ist gerade in dieser problematischen politischen Situation enorm wichtig. Die Probleme unserer Zeit sind oftmals so überwältigend, dass man die eigene Beteiligung unterschätzt oder sie ob der globalen Dimension aus einer gewissen Überforderung heraus resignierend hinnimmt.

Mit ihren medienübergreifenden Werken vermittelt die Künstlerin Catherine Ludwig nicht nur Botschaften, ihre Kunst zeigt auch neue Zusammenhänge auf und schafft ungewöhnliche Zugänge. Sie lässt uns über globale Fehlentwicklungen, die unser aller Existenz bedrohen, aber auch über persönliche Verfehlungen nachdenken. So zeigt Catherine Ludwig etwa mit der Stickerei *Schneefall in Wien 1976–2017* (2018) eindrucksvoll einfach den Rückgang der Schneemenge in Wien durch die Erderwärmung der jüngeren Vergangenheit.

Greift die Kunst Probleme des globalen Wandels auf, so hat sie eine direktere Wirkung auf Menschen, als das eine wissenschaftliche Abhandlung über die Ursachen-Folgen-Wirkung hat. Der künstlerische Zugang zu den Problemstellungen ist emotionaler als der wissenschaftliche. Kunst kann Entwicklungen des Anthropozäns nicht stoppen, doch die künstlerische Auseinandersetzung kann ökologische, wirtschaftliche, kulturelle oder gesellschaftspolitische Zusammenhänge herausarbeiten. Kunst kann das öffentliche Bewusstsein wecken, die gesellschaftliche Wahrnehmung schärfen, Perspektiven verändern und vor allem kann sie den Diskurs, den es für einen Richtungswechsel benötigt, anregen. Und Kunst kann, wie die Stickerei *Unterberg* (2018) zeigt, erfolgreiche Entwicklungen publik machen. Catherine Ludwig hat sich dabei mit einer Wintersport-Gemeinde auseinandergesetzt, die ungeachtet des allgemeinen Trends der raschen Profitmaximierung den langfristigen Wert einer intakten Landschaft erkannt hat und gänzlich auf den Einsatz von Schneekanonen verzichtet. Ein touristischer Zugang, der Skitourismus ganz neu denkt – und alles andere als „Schnee von gestern" ist …

Our world is changing. This has probably always been the case, but in the global change of the 21st century, something new is occurring. For the first time in history, humanity has reached a point where its impact on the Earth is so invasive, so manipulative and so continuous that natural processes are beginning to change drastically on a global scale. This development has been taking place since industrialisation and has been furthered by the rapid growth of industry, the economy, mobility and the population. Due to the extent of mankind's influence on the Earth, the consequences of which have in part already become inevitable and irreversible, the present geological epoch is also referred to in scientific discourse as the Anthropocene.

Mankind and space

The developments in the Anthropocene and man-made climate change go hand in hand with the extensive transformation of habitats and landscapes on Earth. Mankind's impact on space and spatial development has increased significantly in recent decades as a result of global trends such as advancing urbanisation and escalating mobility. In Austria, the increasing use of space for settlements and infrastructure tends to be at the expense of landscapes and naturally grown soils.

Austria is a small, now intensively farmed country, which today has only a few untouched and uncultivated natural landscapes. Excessive use of space endangers the balance between natural and cultural areas and, as a consequence, our living conditions and quality of life. With the increasing demands of tourism in the country, mankind is having an increasingly significant (although often indirect) impact on Austria's living spaces and landscapes.

The apparent need for commercial, economic and residential space and the ever-increasing numbers of tourists make infrastructural development necessary. This can, however, unbalance the ecological and social systems in place and have a huge impact on the landscape.

A landscape-based tourism industry

Landscapes are not only limited to their habitats and species-rich and stable ecosystems, they also provide the foundation of our economic systems. Construction and infrastructure activities, agriculture and forestry, tourism and the production of raw materials and energy are all dependent on the landscape. A healthy and unspoiled landscape is a necessity for any profitable and sustainable economy. Austrian tourism is a valuable part of the ongoing economic upswing in the country. Local tourism budgets have experienced continuous growth in recent years. While this is due in part to Austria's popularity, the increase in travel opportunities for the general public is also a major factor. In particular, the economic boom in Asia has resulted in an increase in tourism that can also be felt here in Austria. Almost 45 million foreign visitors were registered in the country in 2018; ten years earlier, that number was just under 33 million.

Tourist spaces are living spaces

This recent influx of tourists is welcome, of course. After all, a thriving economy is the basis for Austria's national prosperity, and tourism can trigger numerous positive effects. For instance, tourism helps the economy of peripheral regions and creates urgently needed jobs. Even so, mass tourism can also have its downsides. There is something to be said about the subject that tourists often forget but locals feel very strongly about: these regions have been inhabited by people, plants and animals long before they were visited by tourists. In Austria, landscape-based tourism, in addition to traditional economic land use, plays a significant role in domestic spatial development. Although the Alps naturally provide barriers to development, settlement and land use restrictions are being pushed to the limit in order to accommodate tourism, and mass tourism has also long since arrived in the high-alpine region. At the same time, tourism in the Austrian hills and plains is developing almost as quickly as in the Alps, especially around the well-known lakes and traditional summer holiday spots throughout the country. The over-management of the landscape by tourism can trigger negative social, cultural and ecological side effects. In popular tourist areas, for example, plots of land are being sold for absurd sums of money and are often unaffordable to locals, and landscapes are increasingly being destroyed by construction or infrastructural interventions or by excessive tourism. The lack of public accessibility to lakeside shorelines due to privatisation is a problem that must be taken just as seriously as the vacancy problem caused by second homes, which results in popular summer and winter destinations transforming from bustling hubs into ghost towns overnight. These developments not only burden the indigenous population but also cause more harm than good in certain regions as the negative environmental impact significantly outweighs the economic benefits of tourism. The construction and infrastructural interventions and the overuse of land lead above all to distorted landscapes and alienated habitats, to manipulated or even destroyed ecosystems and to environmental pollution through increased or negligent use, waste and traffic.

Sustainable tourism protects the landscape

It is particularly important to protect natural resources such as soil, water, climate, air, species and habitats from excessive construction and infrastructure activities and from tourism. Conservation measures, such as the designation of Natura 2000 sites, natural or cultural heritage sites and national parks has helped to counteract a great deal of harmful construction. However, in areas without protected status there is often a lack of legal regulation and long-term development strategies to preserve the land. The lack of a requirement to dismantle structures, for example old commercial buildings, ski lifts or similar, makes it even more difficult to carry out construction work and implement new building measures. Impact assessments carried out by the landscape planning authorities help to identify development opportunities on the basis of technical assessments and prevent unplanned and unregulated interventions. Since spatial planning and soil conservation fall under the jurisdiction of the federal states, there are currently very different qualities of development in Austria. The country, which takes pride in its beautiful, healthy landscape and compatible agriculture, has been losing an average of around twelve hectares of newly used land to new construction and infrastructure projects every day for the last three years – equivalent to 16 football pitches a day.

An unspoiled environment, the landscape and our ecosystemic habitats are all prerequisites for a flourishing, stable economy and a growth-oriented society and should therefore be protected and preserved at all costs. The importance of the Austrian landscape for society, culture, ecology and the economy is invaluable. Therefore, all future sustainable economic growth must be more clearly aligned with the goals of sustainable development, and this also applies to tourism.

The landscape: a mirror of society

The appearance and development of the landscape is closely linked to human behaviour and rooted in the different values and needs of society. Nature is the perfect reflection of our choices as individuals and as a society. Urban and rural landscapes are already showing significant physical, ecological and socio-systemic changes – all caused by human influence on global change. As a small country, Austria is faced with a particular challenge when it comes to handling its resources of soil and landscape with care. However, these resources are being drained by population growth, industrialisation, the energy revolution and the rising standard of living in one of the world's richest countries. Sustainable landscape development must therefore be a top priority in the future in order to reflect as many, if not all, demands and requirements as possible. When it comes to this issue, the betterment of society must be ranked above the interests and excessive enrichment of individuals. Using modern tools and methods, landscape planning can create multiple use and even use synergies and solve land-use conflicts in an appropriate, legally compliant and democratic manner. Only through coordinated and sympathetic interventions, an appropriate use of space and a balanced relationship between natural and cultural landscapes can Austria hope to maintain a high-quality landscape as a living and economic space.

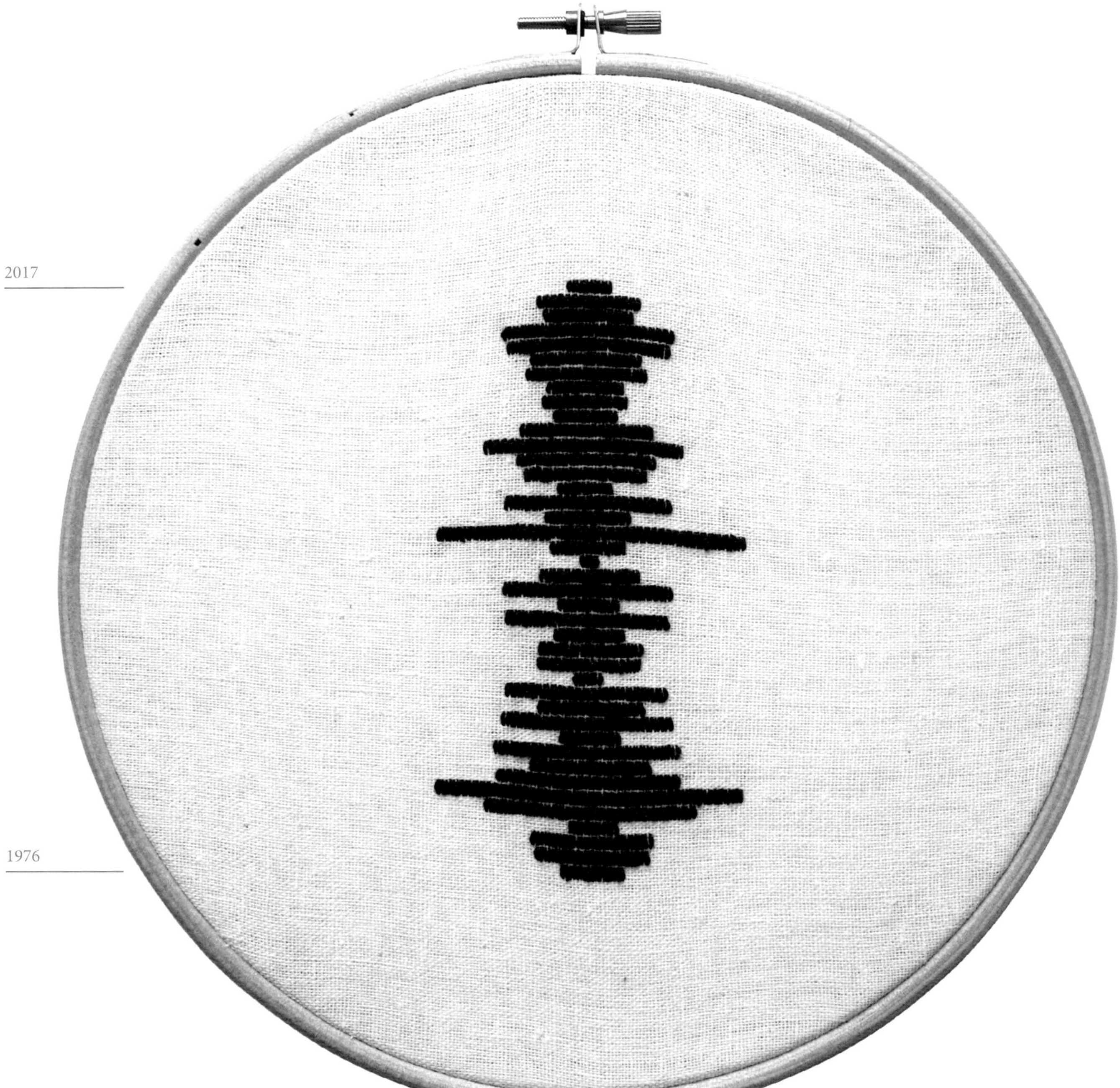

Schneefall in Wien 1976–2017, part of ***SCHNEE VON GESTERN?*** [embroidery (20 x 20 cm), 2017]
(approx. 1 cm = 52 cm snow cover cumulating in one year)

Weak environmental policy

Unfortunately, our current reality of sustainable development could not be more different. The demand for sustainable development and for clear limits to growth, particularly with regard to tourism, does not seem to have been fully met in Austria. This is also demonstrated by the "Plan T – Masterplan for Tourism", published by the Federal Ministry for Sustainability and Tourism in early 2019. The strategy paper undoubtedly focuses on the further development of the tourism industry. It quite reasonably aims to consider the wishes of the guest, but also the needs of businesses, employees, the local population and the environment, and to value Austria's unspoiled nature and its beautiful and varied landscape as an important basis for the development of tourism. However, no further details are given on the corresponding conservation projects or planned measures. Like the controversial introduction of the Site Development Act and numerous other questionable policies, the priorities of "Plan T" are clear: economic interests are placed higher on the political agenda than environmental conservation. This weak environmental policy does not bode well for the Austrian landscape. As long as environment ministers fail to take bold measures with self-confidence and foresight and with a clear commitment to environmental, nature and landscape conservation, and as long as tourism-driving businesses with a legitimate economic interest continue to maximise profits at the expense of the land, there can be no hope for sustainable tourism.

Contemporary art in the Anthropocene

The artistic examination of man-made, ecological and socio-cultural aberrations as well as socio-political tendencies is incredibly important, especially in this problematic political climate. The problems of our time are often so overwhelming that we underestimate the value of our participation in the matter or simply resign ourselves to our global situation in order to avoid overburdening ourselves.

With her transmedia works, the artist Catherine Ludwig is not only able to convey messages, but also reveal new connections and unique approaches. She encourages us to think about the weight of the global issues that threaten our very existence, but also the weight of our own daily decisions. For example, with her embroidery *Schneefall in Wien 1976–2017* (2018), Catherine Ludwig demonstrates in a strikingly simple way the decline in snowfall in Vienna as a result of recent global warming. When art addresses the issues of global climate change, it has a more direct impact on people than any scientific discourse on the matter. The artistic approach to a problem is more emotional than scientific. Art cannot stop the developments of the Anthropocene, but the artistic debate can identify ecological, economic, cultural and socio-political correlations. Art has the ability to raise public awareness, sharpen social perception, change perspectives and, above all, stimulate the discourse needed for a change of direction. And art, as the *Unterberg* (2018) embroidery shows, also has the ability to publicise achievements in environmental conservation. Catherine Ludwig has examined a winter sports community that, despite the general trend towards rapid profit maximisation, has recognised the long-term value of an unspoiled landscape and has completely abandoned the use of snow cannons. An approach that turns ski tourism on its head and takes it one step closer towards a more sustainable future...

„Ich habe einen knallroten Jogginganzug gesehen, mit extrabreitem Revers. Ich habe erfahren, wie Sonnenmilch riecht, wenn sie auf 21 000 Pfund heißes Menschenfleisch verteilt wird. (…) Ich habe 500 amerikanischen Leistungsträgern beim Ententanz zugeschaut. Ich habe Sonnenuntergänge erlebt, die aussahen wie nach einer digitalen Bildbearbeitung, und einen tropischen Mond, der am Himmel hing wie eine fette Zitrone (…).“ David Foster Wallace

Das Reisen ist untrennbar mit Bildern verbunden. Mit Bildern von den Reisen und mit Bildern von den Reisenden. In seiner Reportage *Schrecklich amüsant – aber in Zukunft ohne mich* hat David Foster Wallace eine Woche lang dem Theater der touristischen Illusion beigewohnt. Er hat in der surrealen Vergnügungsumgebung einer Karibik-Kreuzfahrt an den Kulissen gerüttelt und hat sich auf der Hinterbühne der touristischen Inszenierungen umgesehen. Man muss sich solchen Inszenierungen nicht hingeben – allerdings, wenn man sich nicht einbetten lässt, dann ist man auch nicht dabei. Denn der Tourismus lebt von und durch das Dabeisein – der Tourismus lebt vom Erlebnis.

Das Erlebnis des Dabeiseins überträgt sich durch Bilder. Es sind die Bilder, durch die das Erleben von Orten auf Reisen geht. Der Maler Johann Michael Sattler stellte 1829 sein 125 Quadratmeter großes Panoramagemälde von Salzburg fertig. Mit dieser Meisterleistung perspektivischer Malerei machte sich Sattler fast zehn Jahre auf eine Reise durch Europa. Zusammen mit dem eigens für das Bild angefertigten zerlegbaren Pavillon, transportierte Sattler dieses Bild als Blick-Maschine von Land zu Land und von Stadt zu Stadt. Das allerorten begeisterte Publikum bezahlte Sattler nicht nur Eintritt für den illusionistischen Blick auf Salzburg, dieses umfassende Bild der Stadt weckte ein Begehren, und die Menschen begannen, selbst nach Salzburg zu reisen. Sattler legte mit seinem Salzburg-Panorama und seiner Tour durch Europa einen Grundstein für den Tourismus in Salzburg.

Die Bilder, die das Erleben des Ortes transportieren, schaffen damit das Begehren, selbst vor Ort sein zu wollen. Aus diesem Begehren, die Orte selbst sehen zu wollen, ist die weltumspannende Industrie des Tourismus gewachsen, deren Produkte das Erleben und das Vergnügen sind. Wenn der Tourismus uns dann dort hingebracht hat, wo er uns haben will, dann können wir genau jenen Blick wiederholen, den uns die Bilder vorher versprochen haben – Sight Seeing also. Das funktioniert heute so gut, wie es schon im 19. Jahrhundert bei Johann Michael Sattler funktionierte. Aus diesem Begehren heraus stehen wir in Schlangen an, zwängen wir uns in enge Sitzreihen in Flugzeugen, stehen wir auf Autobahnen im Stau.

Dieses Begehren nach der Ansicht – dem „Sight Seeing“ – ist der Rohstoff, aus dem der Tourismus seine Produkte fertigt. Solch ein Plot, industriell umgesetzt, formt und verbraucht die Landschaft ebenso so brutal, wie es der Braunkohle-Tagebau macht. Die Industrie des Tourismus benutzt zum Aufschließen dieses Rohstoffs eine regelrechte Mechatronik der Bilder und Begriffe. „Salzburg Panorama“, bei der Online-Bildagentur Adobe Stock abgefragt, ergibt rund 15.000 verfügbare Bilddateien für die kommerzielle Verwertung. Als Erstes erscheint eine Bilddatei mit Schlagworten versehen wie: Salzburg, Österreich, Stadt, Anblick, Dom, historisch, Sommer, Schloss, Stadtlandschaft, Panorama, Festung, Reisen, Barock, Mozart, Landschaft, Alpen, Musik, Touristen, Reiseziel, Urlaub, Berg. Eine Begriffskette aus Zuschreibungen – eine „Tag-Cloud“ – mit der Aufgabe, die assoziativen Anschlüsse des Sujets zu regulieren. Die Tourismusindustrie baut auf ein Blickregime in Verbindung mit begrifflicher Assoziationskontrolle auf. Die gezielte Lenkung des Blickes – vorgeführt von Johann Michael Sattler und von Medien wie Instagram und Photo-Stock-Providern perfektioniert – ist eine Ingenieursleistung der Verknüpfung von Assoziationsindikatoren und Bildräumen: ein Imagineering.

Dieses Imagineering der Tourismusindustrie erzeugt einen Plot, der die Welt rund macht und abschleift für eine reibungslose und erlebniskonforme Verwertung. Solch ein Plot, industriell umgesetzt, formt und verbraucht die Landschaft ebenso so brutal, wie es der industrielle Bergbau macht. Allerdings macht die Tourismusindustrie es bunter, mit Musik und Fun-Faktor. Das touristische Imageneering suggeriert uns – mit seinen bunten Bildern aus sprachlichen Claims –, unser Begehren nach dem ungetrübten Erleben und das Vergnügen ohne Ende seien folgenlos.

In diesen Plot der Tourismusindustrie aus Bildern und Zuschreibungen taucht Catherine Ludwig als Reisende ein, wenn sie sich bewusst auf die Spuren der Massen begibt. Dort – selbst Protagonistin innerhalb des touristischen Blickregimes – besucht sie die Bühnenräume dieser Verwertungsindustrie wie Kitzbühel und Sotschi. Oder sucht, wie im Sommer 2019 in einer zweiwöchigen Tour in den Schweizer Alpen, nach deren Ursprüngen des touristischen Plots. Ludwig folgte den Aufzeichnungen aus Jemima Morrells Tagebuch, deren Reisebeschreibungen 1863 Thomas Cook – dem Erfinder der Pauschalreise – als Vorlage für seinen ersten Reiseführer dienten.

Als Figur auf der Bühne des Tourismus hat sich Catherine Ludwig aber die Fähigkeit bewahrt, sich als Akteurin abseits des Skripts zu bewegen. Die Künstlerin lässt sich nicht auf das distanzierte *Schrecklich amüsant – aber in Zukunft ohne mich* von David Foster Wallace ein. Die Kraft und die Macht der Bilder sind ihr allerdings bewusst und gleichzeitig ihr Anliegen – vor allem die Kraft der inneren Bilder des eigenen subjektiven Erlebens. Sie fertigt ihre Arbeiten aus der Perspektive des selbst Vor-Ort-Seins, aber frei vom vorgeschriebenen Plot. In *Schnee von Gestern?* (seit 2017) zeigt sie uns, was kommen wird, wenn wir dieses Regime der Bilder und seinen Plot für bare Münze nehmen.

Mit Fäden auf runden Stickrahmen stickt Ludwig ganz beiläufig Balken und Linien, zentral und achsensymmetrisch komponiert. Bilder von Orten des Skitourismus – zusammengesetzt aus den über Jahre hinweg aufgezeichneten hydrologischen Fakten lokaler Gegebenheiten. Visualisierungen, die ihre eigene Datengrundlage, die Schneehöhen, sicher überdauern werden.

Catherine Ludwig ist eine Reisende entlang der Orte, die durch und von ihren touristischen Sujets leben. Aus ihrem eigenen Blick, aus ihrem Erleben und ihrem Ringen mit dem Blickregime des Tourismus formt sie ikonenhafte Bilder, die dem touristischen Imagineering ein aufzeichnendes und manuelles Re-Imagineering entgegensetzen.

Ein Re-Imagineering, bei dem das Erleben das Erlebte nicht verzehrt.

"I have seen an all-red leisure suit with flared lapels. I have smelled what suntan lotion smells like spread over 21000 pounds of hot flesh. (…) I have watched 500 upscale Americans dance the Electric Slide. (…) I have seen sunsets that looked computerenhanced and a tropical moon that looked more like a sort of obscenely large and dangling lemon than like the good old stony U.S. moon I'm used to."
David Foster Wallace

Travelling is inextricably linked to images. With pictures of travel and pictures of travellers. In his commentary, *A Supposedly Fun Thing I'll Never Do Again* David Foster Wallace spends one week at the theatre of tourist illusion. He has rattled the scenes in the surreal entertainment environment of a Caribbean cruise and explored the backstage of tourist productions. You do not have to indulge in such productions – but if you do not allow yourself to be immersed, then you are not really there. Because tourism lives from and through being there – tourism lives from experience.

The experience of "being there" is conveyed through pictures. It is through pictures that places can be experienced. The painter Johann Michael Sattler completed his 125 square metre panoramic painting of Salzburg in 1829. With this masterpiece of perspective painting, Sattler set out on a journey through Europe for almost ten years. Together with a specially made dismountable pavilion, Sattler transported this "viewing machine" from country to country and from city to city. Enthusiastic audiences everywhere not only paid Sattler admission for the illusionistic view of Salzburg, but this detailed image of the city ignited their desire to see it for themselves and they began to travel to Salzburg. With his panorama and tour through Europe, Sattler had laid the foundation for tourism in Salzburg.

Images that convey the experience of a place create the desire to be there. People's longing to see places for themselves has given rise to the global tourism industry, the products of which are experience and pleasure. Once tourism has taken us to where it wants us to be, we can replicate the exact same view that those pictures had promised us – this is sightseeing.

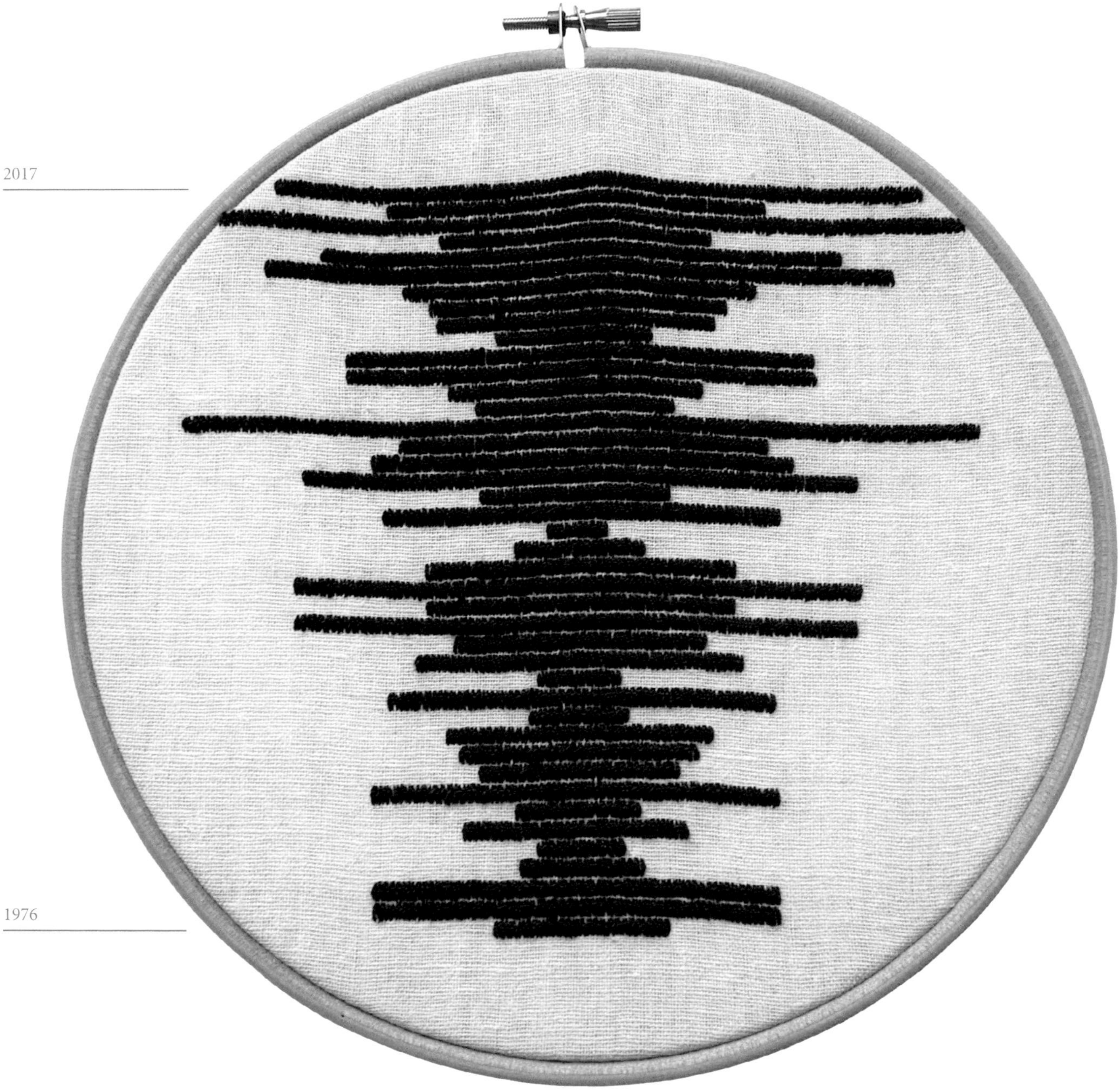

Hitzetage in Wien 1976–2017 Part of ***SCHNEE VON GESTERN?*** [embroidery (20 x 20 cm), 2019]
(approx. 1 cm = 3,2 hot days, from 30 degrees upwards)

This works as well today as it did for Johann Michael Sattler in the 19th century. Because of this desire, we stand in line, we squeeze into rows of seats on planes, we wait stuck in traffic on highways.

This desire for the view – sightseeing – is the raw material from which tourism manufactures its products. Exploited on an industrial scale, it shapes and consumes the landscape just as brutally as open-cast lignite mining. The tourism industry uses a mechatronic system of images and terms to unlock this raw material. "Salzburg panorama", when searched on the online stock agency Adobe Stock, results in around 15,000 available image files for commercial use. The first thing that appears is an image file with keywords such as: Salzburg, Austria, city, sight, cathedral, historical, summer, castle, city landscape, panorama, fortress, travel, baroque, Mozart, landscape, Alps, music, tourists, travel destination, vacation, mountain. A chain of terms based on attributions – a "tag cloud" – with the task of regulating the associative connections of the subject. The tourism industry is based on the "tourist gaze" together with conceptual association control. The act of directing the gaze to a specific subject, demonstrated by Johann Michael Sattler and perfected by media such as Instagram and photo stock providers, is an engineering feat of linking association indicators and image spaces – an "imagineering".

This "imagineering" of the tourism industry creates a narrative that sands down the Earth's rough edges for a smooth and comfortable tourist experience. Such a narrative, used on an industrial scale, shapes and consumes the landscape as brutally as industrial mining. The tourism industry, however, dresses this up with colour, music and a "fun factor". Tourist "imagineering", with its colourful pictures and words, suggests that our desire for a perfect experience and never-ending pleasure comes without consequences.

As she consciously follows in the footsteps of the masses, Catherine Ludwig immerses herself as a traveller in the tourism industry's narrative of pictures and attributions. Herself a protagonist of the "tourist gaze", she visits the showrooms of this exploitative industry such as Kitzbühel and Sochi. Or, as in the summer of 2019 during a two-week tour of the Swiss Alps, she searches for the origins of the tourist narrative.

Ludwig followed the notes from Jemima Morrell's diary, whose travelogues in 1863 served Thomas Cook – the inventor of the package tour – as a template for his first travel guide.

As a character on the stage of tourism, however, Catherine Ludwig has retained the ability as an actor to move away from the script. The artist does not allow herself to be drawn into the detached commentary of *A Supposedly Fun Thing I'll Never Do Again* by David Foster Wallace. She is, however, aware of the strength and power of images and her concern is that, above all, there is power in the internal images of her own subjective experience. She creates her works from the perspective of being on the ground but free from the prescribed tourist narrative.

In *Schnee von Gestern?* (since 2017), she has been showing us what will happen if we take the tourism industry's images and narrative at face value. With only a few threads on round embroidery frames, Ludwig casually stitches bars and lines, composed centrally and axisymmetrically – pictures of ski destinations compiled from the hydrological facts of local conditions recorded over the years. Visualisations that will surely outlive their own data set, the snow depths.

Catherine Ludwig is a traveller in the places that live through and from their tourist subjects. From her own perspective, from her experiences and from her own struggle with the "tourist gaze", she forms iconic images that counter tourist "imagineering" with chronicling and manual "reimagineering".

A "reimagineering" in which the experience does not consume the subject being experienced.

BIOGRAPHY
Catherine Ludwig

1976 born in Wolfratshausen, Bavaria (DE), lives and works in Vienna (AT) and Munich (DE)

[Education]

2002–06 *Studying Transmedia Art & diploma, University of Applied Arts Vienna, Prof. Kowanz*
2003–05 *Member of "AIM" – advanced interface media / Leuchtathletik*
1997–02 *Studying Communication design & diploma, Ohm-Hochschule, Nürnberg (DE)*

[Teaching]

2017 *"Extended drawing", teaching at Nordic art school, Kokkola (FI)*
Since 2015 *teaching at Zeichenfabrik, Vienna*
2010 *Workshop "Mass-Public Space-Response", INTERFLUGS / UdK with M. McGrath & Wolf Leeb, Berlin (DE)*
2006 *Workshop "(g)Hosting: Talismanic Architecture", Shih Chien University, Taipeh (TWN)*

[Artist-in-Residence, Grants, Workshops (selection)]

2019 *On the Swiss trail of Thomas Cook's "Internationale Pauschalreisen": 1863–2019, bm:ukk (CH)*
2017 *Artist-in-Residence, "Aging on stage", grant by bm:ukk, Bucharest (RO)*
2016 *Artist-in-Residence, Otte 1, Künstlerhaus Schleswig-Holstein, Eckernförde (DE)*
Artist-in-Residence, Jacobstad, Finland, grant of Künstlerhaus Schwandorf (FI)
2015 *Artist-in-Residence, Villa Stonborough-Wittgenstein, Gmunden, grant of Upper Austria*
2014 *Artist-in-Residence, DFLUX, grant by bm:ukk, Otto Mauer Fonds, IFA, Detroit (USA)*
2013 *Hotel residency by WKOÖ, Gmunden*
Studio grant, 3 months, Judenburg
Artist-in-Residence, Gullkistan residency, grant by bm:ukk, Laugarvatn (ISL)
2012 *Studio grant at Neuhauserstadl, by Institut Hartheim, Alkoven*
2011 *"Euphorie und Bombastik in Kaukasus Bergen", grant by bm:ukk, Krasnaja Poljana / Sochi (RU)*
2010 *"Ostalgie in Tirols Bergen", grant by bm:ukk, Kitzbühel*
2009 *6-months Schindler grant (substitute) with Wolf Leeb, California (USA)*
2007–08 *Studio for 1 year, grant by WUK, Vienna*
2007 *Artist-in-Residence, 3 months, Berlin (DE)*
2006 *Artist-in-Residence, Artistvillage, 3 months, Taipeh (TWN)*
2004 *6-weeks residency in Shanghai, Guanghzou, Bejing, Hongkong (CHN)*

[Prizes]

2008/11 *Anni und Heinrich Sussmann-Stiftung: 2nd Price, Vienna*
2006 *"Preis der Kunsthalle Wien 2006", Vienna*

[Gallery]

Gallery Reinthaler, Vienna

[Collections]

Ursula Blickle Video Archive, Vienna
private collections Germany & Vienna

[Catalogues / Publications (selection)]

2019 *"Real presence", catalogue presentation at Museum moderner Kunst Stiftung Ludwig (mumok), Vienna*
2015 *"A-MEN", exhibition catalogue "A-MEN" Gallery Reinthaler, Vienna*
2012/08 *catalogue of "Monat der Fotografie"*
2011 *"Blossoms of a MULTITUDE", Transmedia art, published by University of Applied Arts Vienna*
2011 *"mass-public space-response" catalogue, Berlin (DE)*
2006 *"Der visuelle Entzug", "Wunschströme-Versprechen der Stadt", published by University of Applied Arts Vienna*

[Collaborations & Memberships]

Membership: Kunstverein Baden, Kunstverein Salzburg, Artists collective Hotel Infinity (organised by Minna Kangasmaa) (AT, DE, FI)
Since 2013 member of the art group 3plus, together with Sonja Bendel and Ramona Proyer, Zurich and Vienna
Since 2006 projects together with composer Judith Unterpertinger, architect Wolfgang Leeb and media theorist Gernot Tscherteu

[Solo Exhibitions & Art in Public Space (selection)]

2020 "Nature Transformations", Neliö-galleria, Oulu (FI)
2018 2. Place: Design competition: Jüdischer Garten Berlin, Gardens of the world, with DnD Landschaftsplanung, Berlin (DE)
"Schnee von Gestern", Oberösterreichischer Kunstverein, Linz
"DOMESTICATED", Observator 3, Bucharest (RO)
"Back to the future", Gallery Reinthaler, Vienna
"A-MEN 2.0 ... Schnee von Gestern?", Lindengasse 49, Lokal 1, Vienna
2017 "Aging on stage", video performance, Cișmigiu Park, Bucharest (RO)
"DISZIPLIN beim BADEN", Künstlerhaus Schleswig-Holstein, Eckernförde (DE)
2016 "A-MEN 2.0", dialogue exhibition with Cristina David, Kunstverein Baden, NÖ
2015 "10 Portraits", media facade, in cooperation with Media Architecture, Flederhaus, Aspern Seestadt, Vienna
"A-MEN", Gallery Reinthaler, Vienna
"Domestizierte Natürlichkeiten", paravents, Kirchenplatz 6, Vienna
"AUF DEN SPUREN VON", design of tree discs with Roland Barthofer, Aspern Seestadt, Vienna
2014 "Hot pot", Studio Ganglbauergasse 38, Eyes On, "Monat der Fotografie", Vienna
"An was glauben Sie? A-MEN", DFLUX, Detroit (USA)
2013 "Schützen", with Norbert Math & Peter Machajdik, Atelier Kaserngasse 16, Judenburg
"In Bewegung", with Gerda Lampalzer & Horst Stein, Fotoforum Braunau
2012 "Russ-Ski Luxury & Guest Workers – Incognito", Gallery Reinthaler, Vienna
"Sensationen", dialogue exhibition with Klaus Taschler, Kunstverein ausarten, Vienna
2011 "Luxury Tourism – Incognito", Gallery Reinthaler, Vienna
2008 "VT-Leisure-Mirroristen", "Monat der Fotografie", Salon, Vienna
2007 "automatisierte Leerformen nach Schema F", Gallery Dana Chakarsi, Vienna
2006 "allianzen", Kunsthalle Meidling, Vienna
2005 "Controlled Leisure Time – Tropical Islands", Betonsalon, MQ Vienna
"miniaturen", RAUMAUSTAUSCH / To be continued, Vienna

[Group Exhibitions & Cooperations (selection)]

2020 "RBF", Gallery Reinthaler, Vienna
2019 "Petition", Kunstverein Salzburg
"About space", Kunstverein Baden & Oberösterreichischer Kunstverein, curated together with Maria Hanl, Linz & Baden
36. Österreichischer Grafikwettbewerb, Taxispalais, Innsbruck
"Streaming Reality_Die Gleichzeitigkeit von Dingen", FOTO WIEN, Gallery die Schöne, Vienna
2018 "Hotel Infinity", Exhibition Laboratory Project Room, Helsinki (FI)
Group exhibition, Kunstverein Baden at Kunstfabrik Großsiegharts, Lower Austria
2017 "Die Erinnerung des morgigen Tages", Kunstverein Baden
"In transition", 3plus, Periscope, Salzburg
"Zeitbilder III", 3plus, Stadtgalerie Chur (CH)
2016 "Mail-art goes photo", 3plus, die Schöne, Eyes on, Vienna
"Zeitbilder II", 3plus, Perchtoldsdorfer Kunstverein, Vienna
VIDEO of the month "It is not my touch", das weisse haus, Vienna
"Schöne Grüße", 3plus, konnektor, Hannover (DE)
2015 Videos for "JUDITH: SCHNITT \ BLENDE", Neue Oper Wien, MuseumsQuartier, Vienna
"20 Years GULLKISTAN", Museum Listasafn Arnesinga, Hveragerdi (ISL)
"Zeit & Raum", 3plus, konnektor, Hannover (DE)
2013 Music video "Judith" with Wolf Leeb, composition of Judith Unterpertinger, Festival Musica Sacra, Dom St. Pölten
2012 "Und die Rechnung geht an Martin K.", Flat 1, Vienna
"Religion versus Wissenschaft", Kunstverein ausarten, Vienna
2011 "Strategie & Verführung", Kunstverein ausarten, Vienna
"FORM LIFE", dieausstellungsstrasse, Vienna
2010 "Transformers", das weisse Haus, Vienna
"Leben und arbeiten in Wien", Area 53, Vienna
"tool time", Flat1, Vienna
"Media Architecture Biennale 2010", video installation, Künstlerhaus, Vienna
2009 "Living Spaces – Living Forms", Galerie 5020, Salzburg
experimental video "Heute bin ich Held_in", part of performance of znit, Flieger / WUK, Vienna
experimental video "Sérenité", Music by Burkhart Stangl, Radiokulturhaus, Vienna
"Special Guests", MAZE, project space at WUK, Vienna
2008 "unORTnung 4", with Wolf Leeb, exhibitions in Vienna
2007 "unORTnung 1", exhibitions in Vienna
sidewalk Cinema 07, Kaiserstraße, Vienna
2006 VIDEOTHEKA, mobile video archive, Ursula Blickle Lounge, Kunsthalle, Vienna
ALL NIGHT LONG, "Baywatch", "Hongsi Lüyou", Gallery König, Vienna
"Ubiquitous", TAV Artist Village, Taipeh (TWN)
diploma exhibition „aus/sicht", Diploma thesis, Vienna
Price of "Kunsthalle Wien 2006", Kunsthalle Vienna Project Space, Vienna
2005 VIDEOTHEKA, Officina Giovanni – Cantieri Culturali Ex-Macelli, Prato (IT)
Experimental videos of music from A. Di Scipio (IT), B. Stangl (AT), Echoraum, Vienna
The Essence, MAK – Museum of Applied Arts, Vienna
2004 "Facing", Westlicht Gallery, Vienna
"Real Presence Generation 04", Museum 25th of May, Belgrade (SRB)
"To be continued", "Beach no. 05 – Folge 02", Vienna
"6: stand_punkt", Fluc, Vienna
"Natalagranagranata", Gallery Schloss Porcia, Spittal an der Drau, Carinthia
2003 "The Essence", 20er Haus (nowadays 21er Haus), Vienna
"SMS on LED", MAK NITE, MAK-Säulenhalle, Vienna
"IN(N)' s TAL L' AcTION", Tiroler Kunstpavillon, Innsbruck

BEITRAGSAUTOR*INNEN
CONTRIBUTORS

HERAUSGEBER Fred Luks
Fred Luks ist Forscher, Publizist und Redner. Er hat in Hamburg und Honolulu Volkswirtschaftslehre studiert und beschäftigt sich seit Langem in Forschung, Lehre und Management mit Zukunftsfragen. Zu seinen Publikationen gehören zehn Bücher, darunter *Nachhaltigkeit, Die Zukunft des Wachstums, Endlich im Endlichen, Ausnahmezustand* und *Hoffnung.*

Stephanie Drlik
Stephanie Drlik ist Landschaftsarchitektin, Baukulturvermittlerin und Expertin für nachhaltige Entwicklung. Sie ist Büroinhaberin von lapropos, Leiterin der Initiative „Haus der Landschaft" und Geschäftsführerin der ÖGLA| Österreichische Gesellschaft für Landschaftsarchitektur.

Matthias Klos
Der Künstler Matthias Klos sucht in seinen fotografischen Projekten nach den fiktionalen Elementen, die Räume und Bebauungen über ihre sichtbare Form hinaus strukturieren. Ausgangspunkt sind für ihn unterschiedliche Aneignungsformen von Raum wie Tourismus, Transportwesen und Stadtplanung sowie ihr formender Einfluss auf die Gesellschaft.

EDITOR Fred Luks
Fred Luks is a researcher, publicist and speaker. He studied economics in Hamburg and Honolulu and has long been involved in future-related research, teaching and management. His numerous publications include ten books.

Stephanie Drlik
Stephanie Drlik is a landscape architect, mediator of building culture and expert for sustainable development. She is the office owner of lapropos, director of the "Haus der Landschaft" and managing director of the ÖGLA | Austrian Society for Landscape Architecture.

Matthias Klos
In his photographic projects, the artist Matthias Klos searches for the fictional elements that structure spaces and buildings beyond their visible form. For him, the starting point is different forms of appropriation of space such as tourism, transportation and urban planning as well as their formative influence on society.

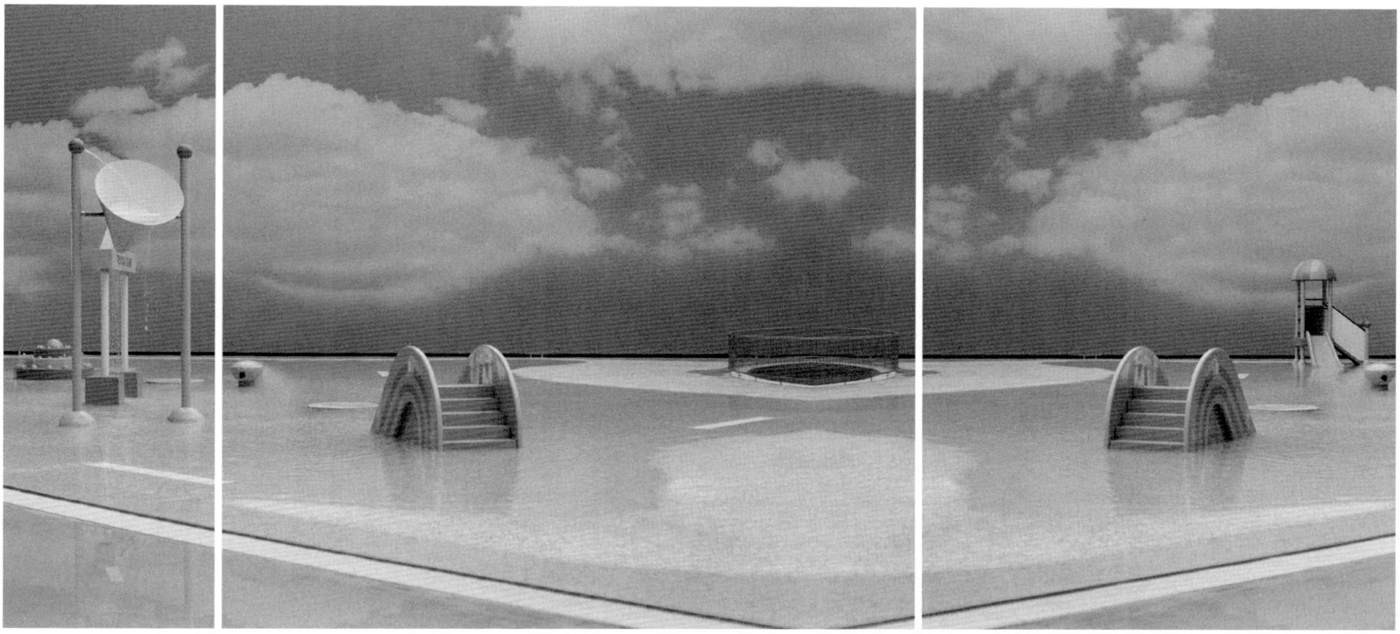

VT-Leisure-Mirroristen [digital photo compositions (variable size), 2007–2010]

IMPRINT

Author: Catherine Ludwig \ www.catherineludwig.com

Editor: Fred Luks \ www.fredluks.com

With contributions by: Stephanie Drlik, Matthias Klos

Further texts: Herbert Justnik, Philippe Batka

Project Management "Edition Angewandte" on behalf of the University of Applied Arts Vienna: Anja Seipenbusch-Hufschmied, A-Vienna

Content and Production Editor on behalf of the Publisher: Katharina Holas, A-Vienna

Proofreading / Copyediting: Tina Nikiema-Spiegl (German), Emma Pearson (English)

Translation from German into English: Maggie Frantz, USA

Cover image: "Speichersee Brauneck" [black and white photography (variable size), 2018]

Photographs: Catherine Ludwig

Layout, cover design and typography: Catherine Ludwig, Ulrike Königshofer

Printing: Holzhausen, die Buchmarke der Gerin Druck GmbH, A-Wolkersdorf

Library of Congress Control Number: 2020937559

Bibliographic information published by the German National Library
The German National Library lists this publication in the Deutsche Nationalbibliografie;
detailed bibliographic data are available on the Internet at http://dnb.dnb.de.

Thanks to: all involved, family Ludwig and Leeb, University of Applied Arts Vienna / Anja Seipenbusch-Hufschmied, Verlag De Gruyter / Katharina Holas, Erich Holzheu, Gallery Reinthaler / Agnes Reinthaler

Printed with financial support of:

University of Applied Arts Vienna edition:'angewandte

ERICH HOLZHEU I KUNSTERLEBEN

ISSN 1866-248X

ISBN 978-3-11-069557-1

www.degruyter.com

DE GRUYTER